上海市奉贤区爱贝早期教育指导服务中心

玩转贤城 伴爱童行

乐活亲子游打卡攻略

宋丽梅/主编

文匯出版社

本书编委会

主　　编：宋丽梅

副 主 编：李秋艳　金　珏

编　　委：周建琴　李　梅

　　　　　吴　叶　张　青

指导专家：茅红美　蔡　丹　陈小文

支持单位：上海氢知教育科技有限公司

序言

上海市“十四五”规划明确了把“新城发力”作为战略重点，大力推进五个新城建设。奉贤新城定位新片区西部门户、南上海城市中心、长三角活力新城，坚持“独立、无边界、遇见未见”的发展理念，到 2035 年要建设成为具有百万人口的独立综合性节点城市。

教育是一个城市软实力的重要组成部分，婴幼儿照护服务作为学前教育的重要一环，事关千家万户，对整个城市教育水平也起着至关重要的作用。站在“十四五”的起跑线上，面对未来发展的新征程、新机遇，奉贤区政府于 2021 年 6 月出台了《奉贤区托育服务三年行动计划（2021-2023）》，在托育工作的体系建设、资源布局、队伍培育、质量保障等方面提出了更高的要求，以提供更丰富的托育资源、更科学的育儿指导服务来化解年轻家庭的托育焦虑，让他们在奉贤安居乐业。

作为区域内唯一一所公办性质的专业科学育儿指导机构，奉贤区爱贝早期教育指导服务中心始终秉持初心、牢记使命，致力于为适龄婴幼儿家庭提供普及普惠的科学育儿指导服务。“贤城早教专列”已经成为沪上知名的创新品牌，一年来服务家庭超 2 万户。

在此基础上，中心依托奉贤丰厚的“贤文化”底蕴，创新打造“乐活教育”，倡导贴近生活本源的核心理念，拥抱健康快乐的生活态度。乐活亲子游戏展现富有自然生态的灵动活力，旨在让婴幼儿家庭拥有全面丰富的亲子互动体验。在领导和专家的关心与指导下，中心从“自然、活力、和润”的南上海品质教育区特色出发，深挖“乐活教育”内涵，通过对自然及人文资源的实地调研、打卡攻略的策划研发、游戏视频的拍摄制作、亲子互动的现场指导等方式，为大家提供了《玩转贤城·伴爱童行——乐活亲子游打卡攻略》。相信此攻略定能成为奉贤区未来科学育儿指导模式探索与创新的助推器，为广大适龄婴幼儿家庭及专业工作者提供有价值、可借鉴的实用育儿知识、经验与技能。

装点此关山，今朝更好看。希望奉贤早教人能够再接再厉、砥砺奋进，于躬行践履的探索创新中，不断扩大科学育儿指导服务的覆盖面、知晓度，让婴幼儿这一“最柔软的群体”得到专业又有温度的养育和照护，在活力无限的美丽贤城，遇见未见！

上海市奉贤区教育局局长 施文龙

2021 年 12 月

contents目录

01 绿意郊野 聆听南风和花香的诗篇

02 碧海沃田 同浪花欢歌 与果穗嬉舞

03 贤城往事
追寻先贤们蹁跹的足迹

04 艺术人文
纵览科学与文明的画卷

导言

0–3 岁婴幼儿阶段是人生的重要开端，也是影响人一生身心健康发展的基础阶段。这个时期的家庭科学养育和高质量的亲子陪伴是影响婴幼儿早期综合能力发展水平的重要因素。

婴幼儿正处于适应外部环境的初始阶段，同时也是粗大动作发展的关键期，而自然环境中的一草一木为宝宝适应环境与动作发展提供了良好的条件。在更为广阔的自然环境中，宝宝能在一个更大的空间里去练习爬行、走路、奔跑、跳跃等粗大动作。在不同的路面上行走，在宽广的草坪上奔跑，为宝宝提供了各种动作练习的可能性，最终增强宝宝对自然环境的适应能力和运动能力。

婴幼儿的情绪和个性是通过多样的活动熏陶而养成的。走出家门，走进大自然、大社会的活动无疑是广阔的，带给宝宝的体验必然是开放和自由的。走出家门，宝宝的社交圈增大，认知面扩大，有足够多的机会去跟不同的社交对象进行互动，婴幼儿的积极情感体验增多，快乐的情绪、乐观积极的个性得到了自然地孕育。随着家长陪伴投入性的增强，亲子感情无形中也得到了升华。

智慧的开发与萌芽来自多样化感知环境的提供与刺激。宝宝们摆脱母体的依赖，去逐步适应外部环境，对大自然和社会充满了好奇：清新的空气、美丽的郊野、灿烂的阳光、柔软的沙滩、悦耳的海浪、泥泞的土壤、多彩的文化。走出家门，围绕自然现象与人文资源进行亲子互动，在丰富的活动中培养宝宝善于观察与发现的眼睛、善于倾听与捕捉的耳朵、善于探索与思考的大脑。

健康、快乐、聪明的宝宝不是“教”出来的，而是要走进鲜活的大自然、大社会中去，这些都是活教材。因为“活教育”告诉我们教材是活的，方法是活的，课本也是活的[1]。我们要尽量利用儿童的手、脑、口、耳、眼，打破只用耳朵听、

1. 陈鹤琴著，陈秀云·柯小卫选编《活教育》，南京师范大学出版社，2012年4月出版。

眼睛看，而不用口说话、脑想事的教育，这样才能够从生命之初让婴幼儿在自然、社会的“活”教材中汲取知识的养料，滋养婴幼儿的早期智慧。

为了能够丰富0–3岁婴幼儿家庭走出家门的活动形式与内容，我们努力探索创新“贤文化”的更好传承方式，将贤城人文资源与科学育儿指导工作相结合，以中华人民共和国教育部制定的《幼儿园教育指导纲要》《3–6岁儿童学习与发展指南》、上海市教育委员会制定的《上海市学前教育课程指南》《上海市0–3岁婴幼儿教养方案》《早期教养指导课程指南》等政策文件为指导，整合陈鹤琴的活教育理论、儿童认知发展心理学等理论的核心论述，并参照了《上海市奉贤区中小幼“贤文化”教育读本》《多姿多彩的课程创新——“奉贤活教育”课程探索》的要求，继承贤文化资源并向下延伸，将活教育的理念往低龄段延伸，创新设计了适合0–3岁婴幼儿家庭的“乐活亲子游打卡攻略”。

《玩转贤城·伴爱童行——乐活亲子游打卡攻略》充满本土化地域特色，富有自然生态的灵动活力，注重宝宝和家长与环境进行互动，让宝宝在实践中真看、真听、真体验。为了兼顾早教领域“科学专业”和“轻快活泼”的双重特色，我们将静态文字方案与动态视频记录进行有机结合，旨在让家长感受了解科学育儿的重要意义，在亲子互动中获得科学育儿经验。

在深化南上海“自然、活力、和润”的品质教育建设的同时，增强0–3岁婴幼儿家长与教育工作者对于科学育儿指导服务的获得感和幸福感，是贤城早教专列所有早教人的教育初心。未来我们将继续颙望前路，开拓进取，用心呵护每一位贤城宝贝的健康发展！

诚挚致谢

本攻略在选题策划、编写修改、书稿评审等过程中，得到了上海市早期教育指导服务中心主任茅红美老师、上海师范大学儿童发展与家庭研究中心执行主任蔡丹老师、上海市静安区家庭教育指导中心主任陈小文老师的大力支持与帮助，得到了上海氢知教育科技有限公司的技术支持，在此再次表示最诚挚的感谢！

为了让亲子游更加贴近生活实际，我们充分挖掘贤城的自然生态和人文资源，为您和宝宝精心选择了 4 种类型共计 16 个亲子游打卡点：

这些打卡点各具特色，经过反复探讨调研，充分利用环境中的元素，精心设计了 13 期亲子游打卡攻略。我们给家长和教育工作者推荐了 51 个图文并茂、便于实践的游戏活动。此外，我们还精简推荐了 100 个延伸亲子游戏便于大家迁移至不同的亲子陪伴场景中去。

绿意郊野

碧海沃田

贤城往事

艺术人文

如何成为亲子活动专家?

我们遵循“乐活教育”的理念，结合 0–3 岁婴幼儿的身心发展特点，紧密围绕“七会”好家长的核心内涵创新设计“乐活亲子游攻略”。该攻略为亲子家庭提供了丰富的亲子活动范例，鼓励其在大自然、大社会的开放式环境中，给予宝宝真看、真听、真感受、真体会的机会，激发他们与自然人文环境积极互动。

带着宝宝一起去郊野、去海边、去农田，一起去初步了解贤城文化的点点滴滴、一起去感知艺术人文的满满气息。为了充分发挥“乐活”攻略的最大作用，用好“乐活”攻略，帮助您成为亲子活动专家，您需要注意以下几点：

理解情绪 尊重兴趣

父母支架是指宝宝完成具有挑战性的任务时，父母使用语言或非语言行为来提供帮助和支持 (Lewis & Carpendale, 2009)，家长切忌用命令式的口吻要求宝宝按照书中的步骤去配合和完成游戏，要顺应宝宝的兴趣和需求，动作示范应准确、舒缓且略带夸张，并尽量减少无关动作的干预。成人可以提供积极的支持，以拥抱、亲吻、抚摸等肢体接触的方式，多鼓励和关爱，从而给予宝宝足够的愉悦感、舒适感和安全感。

本书中提供的游戏推荐方案不是硬性要求让宝宝做到，作为示范案例，家长可以依据宝宝的实际情况与其一起游戏。此外，每期攻略的游戏价值是相应月龄段宝宝会出现的典型性行为表现，如果在游戏中无法展现出来，家长也不用担心和着急。我们应理解宝宝偶然出现的情绪、尊重其自身的兴趣点，让环境和教育成为其发展过程中的重要支撑，或许，您的宝宝会有不一样的表现让您惊喜满满。

顺应发展 推动发展

我们倡导培养宝宝的能力需注重顺应发展与推动发展两个方面：一是要顺应宝宝的天性，尊重宝宝身心发展规律；二是要把握“成熟阶段”、重视“机会之窗”，以推动婴幼儿的积极发展。脑科学的研究表明：在人生命的最初几年，是人脑发育最快的时期。许多发展的“敏感期”均在人生的早期，诸如“语言敏感期”“秩序敏感期”“感官敏感期”“动作敏感期”等等。

0–3 岁是婴幼儿发展的黄金期，宝宝通过游戏来达到认知的目的，他们游戏的过程也是认知的过程。以亲子游戏为“抓手”，参照婴幼儿各种能力发展的“敏感期”，我们在书中设置游戏示范案例，展示了如何与宝宝进行语言互动增加语言输入和输出；如何跟宝宝做大肌肉的运动游戏锻炼身体控制力、平衡与协调能力；如何跟宝宝做小肌肉的精细动作游戏锻炼手部控制力、手眼协调能力；如何带动宝宝去游览不同的环境增加多样的感知经验。

注重沟通 亲密互动

亲子之间良好的互动有利于宝宝与主要带养人建立起安全型的依恋关系。依恋[1]理论的创始人英国精神病学家、心理学家鲍尔比(John Bowlby)认为，婴儿会形成一种人际关系的“内部工作模式”。如果宝宝在早期的关系中体验到爱和信任，他就会觉得自己是可爱的、值得信赖的。

父母应保证每日有一小时以上的时间与宝宝进行情感交流，如目光注视、肌肤接触、亲子对话等，学会关注、捕捉宝宝在情绪、动作、语言等方面出现的新行为，做到及时回应，适时引导，满足宝宝的依恋感和安全感。[2]

书中每期亲子游攻略中设置的游戏方案是较为简单并便于读者参考使用的，帮助其学习如何跟宝宝互动这门“技术活”。快乐的亲子游中渗透着无时无刻的亲子沟通和亲密互动，可以让宝宝充分观察、模仿、感知、探索，积累快乐成长的经验。同样，还可以让成人释放平日的压力，缓解疲劳，让成人在陪伴中成长，提升亲子互动质量，体验幸福的滋味。

---

1. 依恋，一般被定义为婴儿和其照顾者（一般为母亲）之间存在的一种特殊的感情关系。它产生于婴儿与其父母的相互作用过程中，是一种感情上的联结和纽带。
2. 上海市教育委员会《上海市 0—3 岁婴幼儿教养方案》，2008 年 5 月 8 日印发。

游戏刺激 适宜适度

游戏在宝宝生活中占有重要的地位，是其认知、获得积极体验的重要方式。在游戏过程中，务必要把握好“度”，游戏刺激要做到适宜适度，需充分考虑宝宝的作息规律、个体发育、月龄特点等情况。因此，我们的建议有如下几个方面：

- 亲子游的时间安排，需依据宝宝作息时间和不同打卡点的开放时间提前制订计划；
- 由于每个宝宝的个体发育情况，例如宝宝的情绪控制和体能情况不尽相同，亲子游需要关注宝宝游玩时的具体情况做好合理安排；
- 需根据宝宝的月龄段特点，可以在游戏活动中穿插一些随机性的游戏内容，比如听音乐、念儿歌等，提供丰富的刺激和有效的互动，为宝宝提供发展各项技能的机会。

出游装备 共同准备

带低龄段的宝宝外出游玩，合适的出行装备和去打卡点需要做的玩具准备是必不可少的，我们将分类的物品清单（基础版）梳理出来方便您查看。此外，部分打卡点需要准备一些家中常见的玩具，我们也会在活动方案中梳理出来供您查看。

在此，特别强调一下，在准备出行装备和玩具时，我们建议：

- 针对12个月及以内的宝宝，家长要当着宝宝的面准备并简要告诉Ta准备了哪些物品，物品的名称是什么；
- 针对13–24个月的宝宝，家长可以引导其适当参与，拿些Ta熟悉的生活物品，并告诉一些不熟悉的物品名称帮助Ta认识；
- 针对25–36个月的宝宝，家长可以跟宝宝一起准备适合的出行装备，建议让宝宝把自己的物品拿出来放进外出带的包里。

亲子游出行装备

	物品类型	亲子游物品清单
	衣着服装	轻便服装、运动鞋、沙滩鞋（沙滩游玩必备）、宝宝备用衣物、吸汗巾（夏天出游必备）
	防晒用品	太阳帽、防晒霜、太阳镜、防晒衣、阳伞（室外游玩必备）
	驱蚊虫用品	驱蚊喷雾 / 驱蚊环类、止痒膏或凝露（夏天出游必备）
	饮水、食品	水杯、饮用水、奶粉、辅食、水果、小点心等
	防疫用品	防护口罩、消毒用湿巾、手部免洗消毒凝露、75° 酒精喷雾
	其他物品	本攻略、儿童手推车、干纸巾、野餐垫、宝宝餐具（若在外用餐必备）、喜欢的玩具、尿不湿、安抚奶嘴（若需要）、创可贴

温馨提示：依据每次打卡点类型不同，可适当增减出行所需物品。

图表中提供的是外出装备（基础版）清单，关于防晒、驱蚊、止痒等方面的科学知识，可扫下方二维码，参考阅读。

烈日大作战！
宝宝防晒怎么做？

驱蚊液、驱蚊手环、驱蚊植物……
应该pick哪一个？

驱蚊方法哪个强？
最靠谱的还是这几样。

被虫叮、易感冒、总过敏……
夏日疾病多发，如何护理宝宝健康？

关注“上海学前教育网”“上海科学育儿指导”“奉贤早教”，下载“育之有道”APP获取专业、科学、权威的海量育儿指导内容。

上海学前教育网

上海科学育儿指导

育之有道APP

奉贤早教

绿意郊野

聆听南风和花香的诗篇

Introduction

小“贤人”游园记

四季生态园

奉浦四季生态园（贤园）坐落在上海市奉贤区奉浦街道内，占地18万平方米。奉浦四季生态园是奉贤境内免费对外开放的最大的公园。该园由上海现代设计院规划设计，也是奉贤境内广阔的公共绿洲。

四季生态园内绿化覆盖率达70%以上，园内种植着乔木、中层色叶、开花小乔木，杏树为公园特色树种。乔木开花，杏树漫布，在此观莽莽穹苍，有一花独放，也有万生万木。

园内的思贤印、诵贤壁、言子像，还有世界各地的园林艺术，兼具异域风情和奉贤风貌。以历史为主轴的景观设计展示出“贤文化”在奉贤历史长河中逐步演变发展的过程，让游客可以在移步换景中循序渐进地学习了解“贤文化”。

亲子打卡专线

四季生态园

“宝贝，今天我们要去贤园玩喽！快快背上小书包，带上小水壶和心爱的小足球，一起出发吧！”

颂贤壁&言子像

B

大草坪

C

露天剧场

D

风车园

颂贤壁 & 言子像

在这里，可以跟宝宝简单分享，让宝宝初步了解“贤文化”的点点滴滴。

经验准备：

宝宝对自己居住的家乡有初步的了解。

初步知道一些文明游园的规范。

环境准备：

“贤”字的字卡或手机上有“贤”字的图片。

游览说明：

1. 可以跟宝宝先讲一下文明游园的规范：“今天我们来到了贤园，这里的风景特别漂亮！我们游园的时候，要做一个文明的小贤人哦，小花不能摘，垃圾不乱扔，见到人礼貌问声好哦！”

2. 成人出示“贤”字，对宝宝说：“这个就是奉贤的‘贤’，也是贤人的‘贤’，‘贤’告诉我们要做一个懂礼貌、讲文明的宝宝。”

3. 带宝宝看一看颂贤壁、思贤印、言子像等，引导宝宝找找环境中的“贤”字，如果高度合适，可以让宝宝用手触摸一下“贤”字，加深宝宝的印象。

4. 成人同样可以带着宝宝一起做一些文明礼仪的规范行为，成人示范，鼓励宝宝模仿。例如：如何打招呼、问好，如何轻声说话等。

附儿歌：

小贤人懂礼貌，见人主动问声好，大家夸我好宝宝！

5. 若宝宝能够用礼貌的语言或行为来表达和表现，一定要给予宝宝亲亲、抱抱等方式的表扬和鼓励。

“贤”藏在可爱的花花草草里，
真美呀！

言子老爷爷 2000 年前曾来
奉贤讲学呢！

“贤”字被我发现喽！

耶！我是可爱的“小贤人”！

游览贴士：

1. 依据宝宝语言表达能力的不同，鼓励宝宝说出有几个词的简单句子。

2. 若宝宝一开始对游戏不感兴趣，可以先让宝宝在园内自由地玩耍一番，在玩耍的过程中，引导宝宝去发现“贤”字在哪里。

游览价值：

○ 获得一些文明旅游的经验。

○ 鼓励宝宝学会使用礼貌用语，如：“请”“谢谢”和“你好”等。

○ 锻炼宝宝游戏时模仿成人做相应的文明礼仪行为。

适合月龄：

25-36个月

延伸游戏：

礼貌问声好

平日里，可以让宝宝跟家里不同的家庭成员围坐在一起，成人可以先互相有礼貌地打招呼，然后让宝宝跟不同的家庭成员问好，只要宝宝能主动有礼貌地问好，就要表扬宝宝的表现。

带宝宝外出时，成人要主动向身边熟悉的人打招呼，潜移默化地培养宝宝礼貌的习惯。

找朋友

给宝宝听《找朋友》的儿歌，可以边唱边做动作帮助宝宝理解。平日里，跟宝宝一起唱唱跳跳，也可以鼓励宝宝自己创编一些其他的动作，在音乐游戏活动中激发宝宝的表达力和表现力。

小足球，抛来抛去真有趣呀！

大草坪

“小贤人”变成足球小将，在大草坪上跑起来，

是宝宝最开心的事情啦！

经验准备：

宝宝有一定的连续奔跑能力。

宝宝喜欢玩球类的游戏。

物料准备：

自备小皮球或小足球。

游玩说明：

1. 成人拿出自备的小足球或皮球，对宝宝说：“让我们一起来踢足球吧。”

2. 成人可以先示范如何踢，和宝宝面对面站着，让其尝试对踢给成人。

3. 成人可以将足球踢出几米远，让宝宝跟着足球开心跑动起来。可以对宝宝说：“宝宝，足球跑啦，快快去把足球抓回来吧。”

4. 鼓励宝宝使劲踢出足球，成人去追逐球，宝宝会更加开心。对宝宝说：“用力地踢足球，看看我能追上吗？”

足球小将非我莫属哦！

游戏贴士：

1. 平日里可多带宝宝到开阔平坦的场地上做踢球类的游戏。

2. 根据宝宝的运动能力强弱，设置踢的距离和奔跑的方向。

3. 如果宝宝不愿意踢，家长可以多次示范，让宝宝感受到运动的趣味性，切记不能强迫宝宝。

游玩价值：

○ 锻炼宝宝连续奔跑中保持身体平衡的能力。

○ 锻炼宝宝单脚做出踢的动作并能保持身体的平衡。

适合月龄：

19–36个月

延伸游戏：

你追我赶

追逐游戏是不借助任何游戏道具就可以随时开展的，在确保无障碍的情况下可以对宝宝说："我们来做个'猫抓老鼠'的游戏吧，妈妈/爸爸做老鼠，宝宝做猫，待会儿你要来抓妈妈/爸爸哦！"然后交换角色，互相追逐，追到后成人可以紧紧地抱住宝宝，因为宝宝会特别喜欢肢体上的亲密接触。

快乐大球

选择一个宽敞的空间，把一个大瑜伽球推向宝宝，引起宝宝的注意后，鼓励宝宝把球推过来。这样的推球可以反复多次进行。还可以示范双手在球上交替用力拍击，引导宝宝一起有节奏地拍打瑜伽球。

C

露天剧场

这里的整个观看台由台阶与绿草地间隔组成，我们可以和宝宝一起玩寻宝游戏哦！

经验准备：

宝宝具备一定的攀爬能力和解决简单问题的能力。

物料准备：

提前收集一些散落在园内的果实（如：从树上掉落的果子）。

游戏玩法：

1. 成人带着宝宝可以在露天小剧场的台阶上先练习如何爬上爬下，对宝宝说："快看，这里的台阶长长的、弯弯的，跟我们家里的楼梯台阶是不是不一样呀？我们一起去爬一爬吧！"

2. 待宝宝爬上爬下探索后，成人拿着果子，跟宝宝说："这些小果子待会儿要跟我们做躲猫猫的游戏啦，它们会先藏起来，待会儿让我们一起找找这些小果子吧。"

3. 成人可以在台阶上的草地里设置3~5个果子的隐藏点，引导宝宝去观察与发现。"宝宝，快去找找看，果子都藏在哪里了？"

4. 若宝宝不能找到，可稍做提示，待宝宝找到后及时给予表扬和鼓励。

蜿蜒的台阶，
特色的古堡。

小果子要跟
宝宝捉迷藏喽！

小果子都被
我找到啦！

数一数，
一个都没落下。

游戏贴士：

1. 该游戏可以延伸到不同的室内外场地开展。

2. 寻找前，务必让宝宝对寻找的物品特征比较了解后再开始游戏。

3. 可以先选择宝宝比较熟悉的物品做游戏，再扩展到不同类的3~5个物品。

游戏价值：

○ 锻炼宝宝的身体平衡和协调能力。

○ 增强宝宝的观察力和视觉辨别能力。

○ 提高宝宝解决简单问题的能力。

适合月龄：

25–36个月

延伸游戏：

藏宝袋

准备一个不透明的布袋子，当着宝宝的面将3个不同类型的玩具放进袋子里，如小汽车、小球、积木，跟宝宝说："宝宝，把你的小手伸进去，把小汽车摸出来吧！"……若宝宝玩此游戏比较熟练后，可以将3个同样类型但是形状不同的玩具放进去，如：圆形积木、方形积木、三角形积木，让宝宝根据触摸感觉及对物品显著特征的了解，再将玩具拿出来。

找相同

当宝宝了解基本的3种形状后，可以在家中经常跟宝宝做找相同形状物品的游戏，如：家里的什么物品是方方的？微波炉、冰箱、洗衣机、桌子等，什么物品是圆圆的？吸顶灯、盘子、碗等。在找相同的过程中，培养宝宝 的观察能力和配对能力。

风车园

成人提前给宝宝准备小风车，可以帮助Ta探索风车转动的小秘密哦！

经验准备：

宝宝能够连续奔跑一会儿。

物料准备：

自制小风车。

游览说明：

1. 成人带着宝宝来到风车园，可以先带着Ta一起围着大风车奔跑，激发宝宝的兴趣。

2. 成人手拿小风车，跟宝宝说："小风车，真好玩，我一跑，它就转。"

3. 成人可以演示如何拿着风车跑动，让小风车转动起来。"哇，我们的风车转起来喽！宝宝，你也来试试吧！"

4. 鼓励宝宝手拿小风车一起奔跑，根据宝宝的兴趣可以重复3~4次。

5. 在游戏中，可以结合指令，鼓励宝宝按照指定的方向跑动。"我们往左边跑。我们往右跑。我们一起往前跑……"

吹一吹、
跑一跑，
风车转起来啦！

游戏贴士：

1. 若宝宝参与此游戏兴趣特别浓厚，可以加入小规则："风大了""风小了""风停了"，帮助宝宝建立起对游戏规则的初步认知。

2. 此游戏可以在安全平坦的场地上开展，借助非常简单的游戏道具即可让宝宝玩得很开心！

3. 关注宝宝运动量，热了及时擦汗并适当休息。

游戏价值：

○ 锻炼宝宝连续奔跑中保持身体平衡的能力。

○ 提高宝宝对简单的因果关系的理解能力。

适合月龄：

19–36个月

延伸游戏：

刮风游戏

在小区或公园宽敞的场地上，跟宝宝一起玩"刮风"的游戏，可以跟宝宝说："刮大风时，要快快跑起来，刮小风时，可以慢慢地走，风停了，宝宝就停下来。"成人可以跟宝宝先一起玩几遍，待熟悉规则后可以让宝宝自己听指令配合玩游戏。

剪纸游戏

准备家中一些不用的纸张，鼓励宝宝自己拿安全剪刀剪纸，剪出任意形状。等宝宝使用剪刀熟练后，成人可以在纸上画出一些大的形状，如"圆形、方形"，鼓励宝宝沿着形状的轮廓剪下来。剪纸游戏可以锻炼宝宝的手眼协调能力和手腕的控制力。

亲子游打卡
周边推荐

上海之鱼—年丰公园

具体地址：

奉贤区湖堤路与年丰路交叉路口东南 100 米。

打卡推荐：

依湖而建，公园内有主题墙、休闲草坪、草坪音乐剧场、思贤小筑、海蓝云天景观连廊、休闲沙滩、慢行步道等景点。

打卡价值：

1. 亲近大自然，培养宝宝喜欢观赏自然中美的事物。
2. 发现和了解周围环境的多样性，初步了解和体会环境美。

温馨提示：

24 小时免费开放。

亲子游分享

您的心得、随笔、照片或视频，可以上传至“育之有道”APP 奉贤专版进行分享

小贤人，游贤园，美景一一入眼帘。
先瞧颂贤壁，再观言子像，
运动小健将，寻宝小达人，
宝宝归途上的笑脸，
如花般绽放在心田。

相关游览信息，供参考

具体地址：

奉贤区奉浦街道韩谊路 515 号

开放时间：

周一至周日 6:00—18:00

门票信息：

免费开放。

适合出行季：

一年四季皆可，春秋季最佳。

停车及其他事宜：

3 元 / 小时，停车后步行几分钟即到。

若需用餐，可搜索周边美食，周边 1 公里内有餐厅。

园内提供婴儿简易手推车的租赁服务，扫码租用（适合 1 岁以上宝宝使用）。

Introduction

小桥流水
绿意盎然

古华园

古华园是上海市奉贤区十大旅游景点之一，位于奉贤区南桥镇中心，属于一座仿古园林的大型综合性公园。古华园在构筑上采集了奉贤历史上众多典故，迁入和再造了大批历史建筑，使公园具有了浓郁的历史文化气韵和江南水乡景象。

园中心有一处湖泊，湖边遍植垂柳，间种碧桃。湖中岛屿及湖四周共有桥11座，均由花岗石构筑。园东西呈长方形，一个占全园总面积近17%的园湖横卧园中部，湖中岛上有一座取名秋水园的园中园，湖东南面另有一个名兴园的园中园，湖北面为三女岗景区，湖南面五龙壁泉前，有题名“水秀”“水暖”“水绿”三亭呈“品”字形立于湖中。

有一个儿童乐园位于公园的南面，与别处不同的是，古华园的游乐区也充满着古典风情。紫藤架、小青瓦、连绵长廊尖顶亭为富有想象力的童心，铺开一幅江南水乡画。

亲子打卡专线

古华园

@微印象：古华园构思独特，小桥流水间亭、台、楼、阁密布，花草树木相缀，具有明、清建筑风格特色。带娃在此寻游，自有别样乐趣。

A 望海阁

D

游乐园

C

大戏台

B

南塘第一桥

望海阁

带宝宝登高望远，可以让Ta视觉感受到公园与城市里建筑的鲜明差异。

经验准备：

宝宝有独自上楼梯的经验。

宝宝在成人的帮助下上下台阶并保持身体的平衡。

游览说明：

1. 进入园内，绿树成荫，鸟语花香，美好的景色一定会让宝贝非常开心，走走弯弯曲曲的宽石板路，跟宝贝交流："公园是不是很漂亮呀！待会儿我们要去一座小山那边，一起去登高看看公园里美丽的风景吧！"

2. 来到望海阁下方，看着高高的、弯弯的石头台阶，可以鼓励宝宝自己上几级台阶，宝宝在前，成人在后。若宝宝能够自己上台阶，成人一定要给予鼓励："宝宝可以自己爬山，真棒！继续加油哦。"

3. 若宝宝由于大肌肉力量、控制力及体力不足等原因不能继续爬山，家长可以适当给予帮助，拉着宝宝的手腕往上爬。

4. 登上望海阁后，让宝宝休息一会儿，眺望一下远方。可以跟宝宝说："宝宝好棒哦，能自己爬上来了。宝贝快看，树上有一只小鸟，猜猜它在干什么？"……鼓励宝宝表达自己所看到的事物。

5. 休息及眺望过后，鼓励宝宝自己下几级台阶，若宝宝害怕或体力不足，成人须协助宝宝往下走。

看我厉害吧，下台阶不用成人帮。

第一次爬山，是爸爸陪我的！

游览贴士：

1. 上山时，成人必须在后，让宝宝在前。若宝宝害怕，家长需要给予适当的鼓励和帮助。

2. 下山时，成人必须在前，让宝宝在后，由于下山比上山难度稍高一些，家长一定要注意保护宝宝的安全和给予协助。

3. 若遇宝宝不愿意爬山，家长不要强迫，可引导观察其他人或大一点的宝宝爬山的情形，激发宝宝的兴趣。

游览价值：

○ 锻炼宝宝下肢肌肉力量、控制力。

○ 提升宝宝全身的平衡、协调能力。

○ 增加宝宝的胆量，建立自信心。

适合月龄：

25–36个月

延伸游戏：

拉个圆圈走走

成人可以播放《拉个圆圈走走》的歌曲，拉着宝宝的手跟着歌曲的旋律一起动起来，提醒宝宝听音乐合着节拍协调地“走”“蹲”“跑”“站”，可以重点练习在唱到最后一句时做“蹲”“站”的动作。

翻山越岭

平日里，可以在宝宝的大游戏垫上或家里干净宽敞的区域用靠垫、枕头类的物品制造一些“障碍”，鼓励宝宝克服障碍安全地爬过去，须注意三点：在宝宝饭后半小时之后做此游戏；不能在睡前的时间玩，以防宝宝玩得兴奋，影响睡眠；家长要在一旁看护好宝宝以防撞倒。

B 南塘第一桥

走一走、看一看、摸一摸，站在桥上欣赏周边的优美风景，

还可以跟宝宝一起去找找“桥”的好朋友。

经验准备：

宝宝具备一定的观察能力。

宝宝知道什么是桥，了解桥的基本特征。

物料准备：

一张A4卡纸：上面有1–11的数字并列摆放，粗的彩色笔（颜色随意）。

游玩说明：

1. 古华园里有很多不同造型的桥，其中“南塘第一桥”是最具特色的一座桥，是奉贤区文物保护单位。

2. 带宝宝走一走桥，讲解一下小桥的构造、材质、图案等。可以跟宝宝说：“这座桥是石头做的，桥上有石狮子，宝宝还能发现桥上有什么呀？”

3. 成人可以对宝宝说：“古华园里除了这座最大的桥，还有好多座桥，我们一起来找一找、走一走这些小桥吧！”

4. 成人可手拿“小桥好朋友”的A4卡纸，在1下面让宝宝随意做个记号，代表找到了第1座小桥，剩余2~11，在游玩的过程中进行提示，鼓励宝宝自己发现其他的桥并做涂鸦记录。

开心得“飞起来”！

桥上的“小石狮”好可爱哦！

爸爸，跟我来，上桥喽！

“小桥好朋友”，
一起来做个记号吧！

站在桥上看风景，
真美呀！

游玩贴士：

1. 走不同的桥时，成人一定要看护好宝宝的安全以防摔倒或坠落。

2. 根据宝宝的体能和兴趣情况，可以减少打卡桥的数量，鼓励宝宝自己发现园内不同造型的桥。

游玩价值：

○ 锻炼宝宝的身体平衡和协调能力。

○ 锻炼宝宝的下肢肌肉力量。

○ 增强宝宝对身边事物的观察能力。

适合月龄：

19-36个月

延伸游戏：

积木造桥

跟宝宝去户外看过了不同造型的桥，回到家中可以拿出家里的积木一块儿玩造桥的游戏了，选择用原木色积木进行搭建的游戏更便于宝宝发挥创造力和想象力。

网小鱼

平日里，爸爸和妈妈可以手拉手做成一个“渔网”，跟宝宝说：“我们要做一个网小鱼的游戏喽！看，这是我们的渔网，等一会儿我们会唱‘一网不捞鱼，二网不捞鱼，三网才捞鱼’，当唱到最后一句‘三网才捞鱼’时要快快地跑起来，不然会被我们抓住哦！”可以先玩几次，激发宝宝游戏的兴趣。此游戏可以迁移至小区里跟其他的小伙伴一起玩会更开心。

C

大戏台

在这里，先跟宝宝在广场上奔跑玩一玩，引导Ta观察戏台下方的特色门、锁，还可以玩“敲敲乐陶陶”的游戏哦！

经验准备：

宝宝能够跟随简单的节奏敲敲打打。

环境准备：

大戏台古色古香的特色门锁。

游戏玩法：

1. 带着宝宝来到舞台下方的几扇门前，引导宝宝观察和触摸一下门和锁，感受一下。可以跟宝宝互动，引导Ta观察门、锁的颜色、材质及其他特征。

2. 成人还可以跟宝宝简单描述一下这里的门锁与家里的门锁的区别。“宝宝看，它是长条形的，还带着一把小锁，跟我们家里的门锁一样吗？”

3. 成人拨动门锁和门环，引导宝宝听听看会发出什么声响。“我们来拨一拨门环，听听看会发出什么声音？”

4. 若宝宝兴趣浓厚，成人可以跟Ta玩“我敲几下你敲几下”的互动游戏。

郁郁葱葱处藏着古色古香的大戏台。

玩一玩、拨一拨，敲一敲，耶！
好听的声音出来啦！

游戏贴士：

1. 借助一些日常可敲打的物品跟宝宝做敲敲打打的游戏。

2. 平时让宝宝玩一些乐器类的小玩具，如：响板、摇铃、铃鼓之类。

3. 结合乐器类游戏，可以跟宝宝一起哼唱简单的儿歌，如《小星星》《小毛驴》等。

游戏价值：

○ 锻炼宝宝的手指灵活性。

○ 锻炼宝宝对身边事物的观察能力。

○ 增加宝宝对简单因果关系的理解。

适合月龄：

25–36个月

延伸游戏：

落叶飞飞

可以在小区或公园宽敞有落叶的区域，跟宝宝一起去捡拾地上的落叶，跟宝宝一起玩“飘洒落叶，让叶子飞飞”的游戏。成人可以将一大把落叶飘洒到空中，落到宝宝的身上，然后鼓励宝宝捡起落叶尝试如何让叶子飞起来。也可以鼓励宝宝尝试用扇子扇、小嘴吹让叶子飞起来。

我是“开锁匠”

家中可以准备开锁类玩具，鼓励宝宝能够自己拿钥匙去开锁，在转动钥匙开锁的过程中，可以很好地锻炼宝宝的手眼控制能力、使用工具的能力以及解决问题的能力。若在玩的过程中，宝宝出现不耐心或受挫的情况，家长可以示范或在一旁稍加协助。

游乐园

这里是宝贝的最爱，带着Ta在游乐园里自由地玩耍，不要错过必玩项目“旋转木马”哦。

经验准备：

宝宝能够借助辅助物保持身体平衡。

环境准备：

旋转木马的游玩设施及其他设施。

（温馨提示：雨天不开放哦！）

游览说明：

1. 旋转木马是宝贝最喜欢的一项游玩体验项目，在木马上轻轻上下、转起来的感觉会让宝宝兴奋起来。

2. 可以让宝宝自己选择一匹“马”，对宝宝说：“我们要骑马喽，选择一匹你最喜欢的小马吧。”

3. 成人协助宝宝爬上“马背”，告诉宝宝：“马儿马上要转起来喽，宝宝抓好扶手，开心骑大马啦！”

4. 在木马旋转的过程中，提示宝宝注意抓牢扶手，引导他感受“马儿”向前跑的感受。“小小马，慢慢跑，宝宝骑着马，呱嗒呱嗒呱！”

5. 待木马停下来后，协助宝宝下“马”，表扬宝宝“骑马”时的勇敢。

还有很多好玩的游乐设施等你来发现哟！

小马小马，慢慢跑，跑到河边吃青草，嘚儿驾！

游览贴士：

1. 若宝宝出现害怕、紧张的情况，可以温柔地安抚宝宝或让宝宝观察一下其他宝宝“骑马”的情况。

2. 平时可以多带宝宝到室内外不同的儿童游乐设施去玩耍。

游览价值：

○ 锻炼宝宝的身体控制力。

○ 增强宝宝的胆量和自信心。

适合月龄：

19-36个月

延伸游戏：

动物体操

平日里，可以跟宝宝经常做一些体操游戏，家长示范，边唱儿歌边做动作，鼓励宝宝模仿着一起做操。做操可以锻炼宝宝的身体协调能力、动作模仿能力等。

附儿歌：

小鸟飞，飞啊飞，拍拍翅膀飞啊飞。（上肢运动）

小鸭走，走啊走，摇摇摆摆走啊走。（下蹲运动）

小马跑，跑啊跑，嗒嗒嗒嗒跑啊跑。（跳跃运动）

涂涂画画

准备一张小马的简笔画，跟宝宝说：“宝贝，请你来给小马穿上漂亮的衣服吧！”给宝宝粗的油画棒，鼓励Ta按照自己的想法涂鸦，成人可以安静陪伴，也可以参与交流。完成后，和宝宝一起看看说说他的涂鸦作品。

亲子游打卡
周边推荐

贤苑

具体地址：奉贤区解放中路 168 号

打卡推荐：贤苑内包含五个区域："讲贤堂""悦贤坊""品贤轩""圆梦博物馆""志愿者服务中心"。

打卡价值：

1. 带宝贝去贤苑打卡，可以给宝宝创造混龄的社交环境，锻炼宝宝的社交能力。

2. 家有多宝的家庭，去参加贤苑举办的多样亲子活动，可以增进亲子之间的感情和宝宝之间的亲密互动哦！

温馨提示：

1. 周一至周日 9:00—17:00，不同区域开放时间会略有不同，详见"贤苑"微信公众号。

2. 停车位较少，建议绿色出行！

亲子游分享

您的心得、随笔、照片或视频，可以上传至"育之有道"APP奉贤专版进行分享

欲把此园比西子
淡妆浓抹总相宜
亭台伫望，花木浓荫
三女祠，忆春秋，吴越遗风
十一桥，湖中岛，碧桃垂柳
童心与古园，共绘奇妙唯美江南山水图

相关游览信息，供参考

具体地址：

奉贤区南桥镇解放中路 220 号（近古华路）

开放时间：

周一至周日 9:00—17:00（17:00 停止入园）

门票信息：

免费开放。

停车事宜：

有停车位，平日车位较多，周末建议绿色出行。

温馨提示：

若需用餐，可搜索周边美食，周边 1 公里内有餐厅。

园内定期会举办一些主题展，如夏天的“荷花展”。

园内较多是鹅卵石路面，不太适宜推儿童手推车，建议全家一起出行，带娃游玩更轻松。

在走走玩玩的过程中，注意时刻提醒宝宝不要奔跑太快，以防摔倒。

Introduction

我与“泡泡”有个约会

上海之鱼泡泡公园

泡泡公园位于上海奉贤区上海之鱼南部，总面积约30公顷，占地约40个标准足球场，是“树的世界、花的海洋、鸟的天堂、云的故乡、人的乐园”。公园融合本地文化特点，形成集观光旅游、生态休闲、花艺体验、儿童拓展、滨水漫步等众多功能于一体的浪漫花园。整体植物配置体现“花的海洋”这一主题，利用花卉、色叶实现四季有“花”的效果。

泡泡公园以植物造景为主，在满足植物生长习性的基础上丰富植物的品种。通过不同特色的植物布置，打造各具特色的三大园区,创造多样的绿色空间，在不同季节给人带来不同的视觉体验和感受。在三大园区基础上共形成11个植物特色区域，分别是具有不同植物观赏特色的九园、具有不同功能的儿童户外中心和泡泡园艺中心。

亲子打卡专线

泡泡公园

@微印象
泡泡公园可谓是“溜娃胜地”，其中的“蚂蚁乐园”更会让宝贝们玩得乐此不疲，快带上宝贝一起出发去跟“泡泡”约会吧！

A

泡泡广场

觅野溪

芳草地

蚂蚁乐园

泡泡广场

彩色泡泡“出逃”在绿茵茵的广场上，带着宝宝一起吹泡泡、追泡泡、抓泡泡吧！

经验准备：

宝宝能连续跑动。

环境准备：

玩具泡泡枪。

游览说明：

1. 来到泡泡公园的泡泡广场上，在宽敞的环境中，跟宝宝一起开心地做奔跑游戏。成人可以对宝贝说：“可爱的彩色泡泡要跑出来跟我们一起做游戏了，宝宝去追泡泡吧。”

2. 成人手中拿着玩具泡泡枪，不断地向空中射出大小不同的彩色泡泡，引导宝宝在广场上或草地上自由追逐泡泡，用手拍打泡泡。

3. 成人同样可以示范如何用手接住慢慢落下的泡泡，引导宝宝自己伸出小手接住或抓住泡泡，以此锻炼宝宝的手眼协调能力。

附儿歌：

泡泡飞得高，泡泡飞得低，宝宝小手抓一抓，泡泡泡泡不见啦！

4. 若宝宝能够用小手拍打、接住或抓住泡泡，给予其适当的表扬肯定，激发宝宝在运动游戏中的自信心。

好大的泡泡呀！
快到我的手里来！

爸爸，你慢点，
等等我！

绚丽的泡泡，
你要飞到哪里去？

泡泡枪，
真好玩呀！

游览贴士：

1. 成人可以依据宝宝的奔跑能力适时调整泡泡射出的方向及范围。

2. 在追逐泡泡的过程中，成人要时刻注意宝宝在奔跑中的安全，以防摔倒。

3. 成人可以引导宝宝观察泡泡的大小、颜色、高低等。

4. 玩好泡泡游戏后，广场旁有洗手处，带宝宝洗干净小手哦。

游览价值：

○ 锻炼宝宝连续奔跑的能力，身体平衡与协调能力。

○ 锻炼宝宝的视觉追踪能力及手眼协调能力。

适合月龄：

19–36个月

延伸游戏：

吹泡泡

给宝宝准备吹泡泡的玩具，成人示范如何蘸取泡泡液，用嘴巴对着圈口吹出泡泡，鼓励宝宝尝试嘴巴吹气，吹出泡泡。日常生活中还可以让宝宝做很多“吹”的游戏，如：吹纱巾、吹桌上乒乓球、吹纸巾等，可以锻炼宝宝口腔肌肉能力。

抓泡泡

宝宝洗澡的时候，洗泡泡浴是非常开心的体验，我们可以引导宝宝去拍打水中的泡泡、抓泡泡，还可以引导宝宝如何“创造”泡泡，这些游戏会启发宝宝的思考，可以帮助Ta去了解泡泡产生和消失的小“秘密”哦！

蚂蚁乐园

以蚂蚁生态为灵感设计的乐园，让宝宝先游玩一番，

然后可以跟Ta玩“小蚂蚁搬食物”的游戏哦。

经验准备：

宝宝有一定的钻、爬、跑等能力。

宝宝具备越过简单障碍物的能力。

物料准备：

自备食物（如水果、饼干等）。

泡泡公园内蚂蚁乐园游玩设施：滑梯、隧道、卡通钻桶等。

游玩说明：

1. 蚂蚁乐园里随处可见的蚂蚁造型可以让宝宝去摸一摸、看一看，增加对蚂蚁外形特征的认知。园内有很多的游玩设施充满了童趣，为我们和宝宝一起玩“小蚂蚁搬食物”的游戏提供了特色的开展环境。

2. 成人拿出自备好的食物，对宝宝说：“宝宝，现在我们要变身成小蚂蚁喽，小蚂蚁现在要搬食物回家啦。”

3. 成人带着宝宝可沿着提前设定的搬送路线走一遍，例如：可以先钻过几个钻桶，然后滑下滑梯，进入隧道后将食物放在隧道的底部即完成“搬食物”的小任务。

4. 成人在宝宝“搬食物”的过程中，可适当提醒宝宝不能弄丢食物，在钻、爬、滑的过程中鼓励宝宝克服障碍，培养宝宝的勇敢品质，建立自信心。

蚂蚁小勇士出发喽，在爬爬、钻钻、跑跑的过程中，既能锻炼宝宝的大肢体动作，又能锻炼胆量、自信心，还能培养宝宝的游戏规则意识哦。看，我玩得多开心呀！

游玩贴士：

1. 平日里可多带宝宝到有游乐设施的场所锻炼大肢体动作。

2. 根据宝宝的运动能力强弱，可设定不同的“搬食物”路线。

3. 若宝宝在游戏中，对于某些游乐设施出现不敢尝试的情况，家长要耐心引导或示范。

游玩价值：

○ 锻炼宝宝的大肢体动作，提高宝宝四肢的协调性。

○ 增强宝宝解决问题的能力，在游戏中建立起初步的规则意识。

适合月龄：

25–36个月

延伸游戏： 模仿小动物的游戏可以随时随地开展，不妨跟宝宝一起开心地玩玩吧！

小乌龟爬爬爬

在家里找一块宽敞的区域，让宝宝头戴帽子，趴在地上，背上背一个篮子，变成一只小乌龟，开始有趣的爬行运动，游戏要求从起点一直爬到终点，帽子和篮子在中途不能掉落！

小兔跳跳跳

跟宝宝说：“我们来扮演兔宝宝和兔爸爸吧。”双脚并拢向上跳，爸爸一边跳一边配上简短的儿歌：“小白兔，白又白，两只耳朵竖起来，爱吃萝卜爱吃菜，蹦蹦跳跳真可爱。”成人可以带宝宝在家里、小区或公园里宽敞平坦的场地上进行游戏。

C

芳草地

带上小皮球，可以跟宝宝一起在草地上玩踢球、扔球、抛球的游戏，

还可以找个“工具”让宝宝“赶小猪”。

经验准备：

宝宝有初步使用工具的经验。

宝宝踢球后能保持身体平衡。

物料及环境准备：

自备小皮球、拨动小球的物品：如棍子、棒子类物品。

游戏玩法：

1. 来到泡泡公园的芳草地露营区，在绿油油的大草坪上，成人带着宝宝可以在芳草地露营区先进行“你追我跑”的游戏。

2. 接着，成人可以给宝宝讲解一下“赶小猪”的游戏规则，引导宝宝用长棍类游戏道具赶动球往前走或跑。对宝宝说：“现在小球变成‘小猪’了，我们要把‘小猪’送回家，记得要用你手中的小棒子送它回家，不能用手哦！”

3. 若宝宝不会用游戏道具赶动球，成人可以协助宝宝一起拿着工具拨动球，或者找其他的游戏道具鼓励宝宝自己使用工具赶“小猪”。

宝宝，快追上爸爸哟！

看我手中的"工具"是什么？

小主人送"黄色小猪"回家啦！

爸爸，"小猪"交给你，好好照顾它哟！

游戏贴士：

1. 该游戏可以延伸至不同类型的宽敞平坦场地上开展。

2. 可以让宝宝尝试使用不同的工具去拨动球类玩具。

3. 在游戏过程中，鼓励宝宝由短距离到长距离连续地“赶小猪”。

游戏价值：

○ 锻炼宝宝尝试使用工具解决问题的能力。

○ 提高宝宝身体的协调及手眼协调能力。

适合月龄：

19–36个月

延伸游戏： 在生活中，有很多机会可以锻炼宝宝的动手能力和使用工具能力，多多让宝宝的小手动起来吧！

家务小能手

18个月以上的宝宝就能模仿做家务了，平日里可以多邀请宝宝一起加入到简单的家务劳动中，如扫地、擦桌子、搬轻物等，丰富宝宝使用各种工具的经验。

拧瓶盖

瓶子和盖子是宝宝非常喜欢的玩具，可以把家里各种瓶子和盖子都收集起来，引导宝宝玩拧瓶盖的游戏，发展宝宝手眼协调能力。

（注意：玻璃瓶等易碎危险物品不要给宝宝。）

觅野溪

这里是花草植物、昆虫、小动物们常常“聚会”的地方，带宝宝走走、逛逛、玩玩，认识和观察各种动植物吧！

经验准备：

宝宝喜欢观察植物、亲近小动物和各种昆虫等。

环境准备：

觅野溪的优美自然环境。

蝴蝶蝴蝶，真美丽，
小心翼翼地看看你哟！

模仿小蝴蝶飞呀飞，张开翅膀飞呀飞！

五颜六色的花花草草真是太漂亮啦！

游戏玩法：

1. 成人带着宝宝来到觅野溪：“小草绿、花儿美，宝宝我们一起来认识认识这些漂亮的植物吧。”

2. 成人可以观察宝宝感兴趣的植物并进行引导，告诉宝宝植物的名字，启发宝宝的深入观察，如：颜色、高矮、闻起来的味道等。

3. 鼓励宝宝模仿成人学说植物的名称，记住植物的典型特征。可以跟宝宝说：“宝宝，你看，这是喇叭花，它看起来像不像一个小喇叭呀？它是什么颜色的？宝宝再闻一下，是什么味道？”……

4. 宝宝看到飞舞的昆虫，最喜欢的就是跟随奔跑了，引导Ta模仿昆虫们飞舞。可以说：“宝宝，蝴蝶飞飞真美丽，我们也打开双臂，像蝴蝶一样飞一飞吧，一起来飞喽！”……

游戏贴士：

1. 在家阳台设置自然角，让宝宝了解植物的名称、特征和生长习性等。

2. 在家里给宝宝养一只小动物，促进宝宝亲近大自然中小动物的意愿。

游戏价值：

○ 亲近自然，观察动、植物可以多样化激发宝宝的探索欲望。

○ 锻炼宝宝的观察力、想象力和语言表达能力。

适合月龄：

19–36个月

延伸游戏：

浇花

平日里可请宝宝帮忙用喷壶给家中的植物浇水，这样既锻炼宝宝手指小肌肉的控制能力，又能培养宝宝的爱心和责任心。

观察吟唱

带宝宝走进大自然，和宝宝一起观察小鸟飞翔的样子，边观察边唱歌曲，让宝宝了解音乐是对真实场景的特殊表现形式。待宝宝熟悉歌曲后，可以鼓励宝宝接唱或改编歌曲。

附儿歌：

两只小鸟坐在大树上，一个叫叮叮，一个叫咚咚。

叮叮飞走了，咚咚飞走了，回来吧，叮叮！回来吧，咚咚！

亲子游打卡
周边推荐

中国菌菇博物馆

具体地址：金海公路 7299 号

打卡推荐：

室内为 4 个展馆，室外有菌菇栽培实地观摩、采摘。

打卡价值：

1. 让宝宝能够真实地感知菌菇类植物的特征与生长特性。

2. 可以让宝宝体验到采摘的乐趣，增加亲子互动机会。

温馨提示：

1. 需要购买门票进入参观，20 元 / 人。

2. 开放时间：周一至周五 9:00—17:00。

亲子游分享

您的心得、随笔、照片或视频，可以上传至“育之有道”APP 奉贤专版进行分享

当在水之南的乐园，邂逅了稚嫩的童颜，
会出现什么？那是——
比泡泡还要绚烂多彩的快乐回忆！

相关游览信息，供参考

具体地址：

奉贤区上海之鱼南侧约 50 米秀竹路

开放时间：

周一至周日 8:00—18:00

门票信息：

免费开放。

温馨提示：

园内有大面积的绿地，建议带上球类玩具、风筝（春秋季）等。

疫情期间，公园会采取实名预约制。

公园会定期举办儿童主题活动，关注“上海之鱼”公众号了解泡泡公园的活动资讯。

停车及其他事宜：

平日出行免费停车位较多。

周末节假日出行可停到青年公园、园区东侧的停车场。

Introduction

童话森林
拥抱美梦

海湾国家森林公园

海湾国家森林公园位于奉贤区海湾镇境内，是国家4A级旅游景区、国家级生态旅游示范区、全国乡村农业旅游5星级景区，上海4座国家级森林公园之一，公园占地面积近16000亩，核心开放区域6500亩，园内植树达300多万株，共有79科属351种。远望而去，像是把童话中的森林，搬到城市的近处。

这里的森林懂宝宝的奇想，晨光像沙漏那般倾洒，高树与灌木沐浴朝阳。这里的森林懂孩子的美梦，有枝叶间的鸟雀合唱，叶色诉说的四季流淌。这里的森林懂孩子的童年，青草看他们欢快奔跑，野花听他们随心吟唱。

一年四季的风景都是移步异景，春天生机盎然、夏日绿荫如伞、秋冬层林尽染。这里的空气质量常年优，是有名的城市绿肺，让我们一起来海湾国家森林公园一探究竟吧。

亲子打卡专线

海湾国家森林公园

A 森林恐龙园

“宝贝，我们要去海湾国家森林公园喽，带上小水壶，背上小书包，戴上太阳帽，一起出发吧！”

B

森林码头

C

森林大草坪

D

牛路野营帐篷谷

森林恐龙园

在这里，家长和宝宝一起游览，说说看到的各种不同的恐龙哦！

经验准备：

宝宝有接触过仿生动物模型的经验，且看到不会害怕。

游览说明：

1. 进入到森林公园内，可以告诉宝宝："宝贝，今天我们在森林公园玩的第一个地方是恐龙园，待会我们会看到各种各样的恐龙模型，它们可厉害啦，我们去认识认识它们吧！"

2. 来到恐龙园门口，对宝宝说："哇，到恐龙园了，里面有各种各样的恐龙，我们一起去看看它们吧。"激发宝宝入园的兴趣。

3. 在游园的过程中，成人引导宝宝观察Ta感兴趣的恐龙模型、说说名字和明显特征。例如："宝宝，你看，溪龙的脖子是不是很长呀？剑龙背上是什么呀？看起来像是好多尖尖的刺呢，霸王龙的嘴巴非常大，是不是很凶猛呀？"

4. 若宝宝对恐龙特别感兴趣，可以让宝宝尝试去摸一摸模型，模仿恐龙的样子，还可以让宝宝跟恐龙合影哦。

游览贴士：

1. 若宝宝害怕，可以拥抱Ta并轻声安抚，先远距离地观看恐龙模型。

2. 日常生活中可以多带宝宝去观看一些模型或造型展，扩大宝宝的认知面。

游览价值：

○ 增强宝宝的胆量和自信心。

○ 提升宝宝的观察力和记忆力。

○ 增强宝宝的模仿能力。

适合月龄：

19–36个月

延伸游戏：

游览上海自然博物馆

上海自然博物馆（静安新馆）位于北京西路510号（静安雕塑公园内）。馆内拥有29万余件藏品，包括来自华东地区乃至全国及世界各地的自然界和人类历史遗物，分别隶属于植物、动物、古生物、地质及人文五大类。推荐适合小宝宝游览的展区：演化之道——有15件恐龙模型和化石，可以让宝宝身临其境去感受；缤纷生命——世界各地的生物物种模型与生动的造景，非常适合给小宝宝创造一个丰富的视觉环境，开阔宝宝的眼界，激发探究的兴趣。

彩色恐龙蛋

在宝宝的世界里，恐龙蛋可以是彩色的，不妨给宝宝准备一些小“恐龙蛋”：圆形的、椭圆形的都可以，再备好可水洗的颜料和刷子，让宝宝发挥自己的想象去创作独一无二的恐龙蛋吧。

（提示：建议可以给孩子买一些恐龙玩具，激发宝宝对恐龙的兴趣哦。）

原角龙——我来摸摸你哦！

独角龙——有着长长尖尖的角。

似鸟龙——看着像大鸟吗？

禽龙身上的条纹很特别。

还有许多栩栩如生的恐龙模型，
等宝贝们一起来发现哦！

森林码头

宽阔的水上营地，带着宝宝坐船亲近自然水系，
美丽的风景一定会让宝宝大饱眼福哦！

经验准备：

宝宝有过坐船的经验且不晕船。

物料准备：

水上观光游船项目（付费项目，详见园内收费详情哦！）

游玩说明：

1. 成人可以对宝宝说："我们要乘坐小船游玩森林公园，坐小船时宝宝要坐坐好，我们的小船马上就要出发喽！"

2. 成人协助宝宝穿好救生衣，安全地进入游船内坐下。

3. 待所有人坐稳后，可以启动船并控制好方向盘，让小船开动起来。

4. 若宝宝月龄大一点，成人可以在一旁协助宝宝掌握方向盘控制小船的行进方向。"宝宝来做小船长喽，我们的小船开动啦！"

5. 在小船前进的过程中，成人可以引导宝宝观察水里是否有鱼？树上是否有鸟？水岸边是否有其他小动物？……跟宝宝互动交流。

6. 游船结束后，一定要待船稳稳地停下来后，安全地带着宝宝离开小船，并跟宝宝回顾一下游船过程中开心愉悦的心情。

和妈妈一起出动开船喽！

坐在小船上，岸上的风景一览无余呀！

游览贴士：

1. 玩水上游玩项目时，尤其要注意安全：必须穿救生衣，不能在船内剧烈地晃动以防船翻。

2. 18个月以内的宝宝，建议由成人抱着乘坐游船，且时间可以依据宝宝的适应情况进行调整。

游玩价值：

○ 增强宝宝的身体平衡能力。

○ 锻炼宝宝在水上游玩的环境适应能力。

适合月龄：

19-36个月

延伸游戏：

摇晃小船

成人可以盘腿坐，让宝宝坐在成人的腿窝里，跟宝宝说："我们的小船出发喽！"成人依靠腰腿部的力量慢慢地将整个身体摇晃起来，待宝宝适应摇晃的节奏后，成人可以摇晃得幅度大一点，时刻关注宝宝的适应情况。摇晃结束，成人可以紧紧地拥抱宝宝，告诉宝宝："我们的小船到岸了！宝宝准备下船吧！"

浮浮沉沉的小船

在宝宝洗澡的时候，可以准备一个塑料小盆，跟宝宝一起玩"浮沉"的游戏。先让宝宝在水里开"船"，可以在船上装一些轻的"货物"，然后再装上重重的"货物"，看看船是浮还是沉？让宝宝观察这些浮沉现象，鼓励Ta多次尝试玩这样的游戏，或许宝宝慢慢地能发现其中的小秘密哦！

森林大草坪

在绿油油的宽阔草坪上，
可以跟宝宝来玩个“花式剪刀石头布”的游戏哦！

经验准备：

宝宝理解一些简单的游戏规则。

物料准备：

从大草坪中自取树枝、树叶、石头来做游戏哦！

游戏玩法：

1. 成人带着宝宝来到森林公园绿绿的大草坪上，可以先让宝宝在草地上肆意地玩一玩、跑一跑、滚一滚……

2. 接着，可以跟宝宝说：“哇，我们要来做一个好玩的游戏喽！草地上的石头剪刀布，想不想一起玩呀？”

3. 成人可以示范一下如何用身体动作做“剪刀、石头、布”的游戏，鼓励宝宝模仿动作。

4. 若宝宝对此游戏不感兴趣，可以变换一下游戏方式，借助自然界里天然的树枝、落叶和石头跟宝宝互动。

5. 带着宝宝在大草坪上一起寻找自然界里的“小秘密”：落下的小树枝、落叶和石头，跟宝宝说：“树枝是剪刀，树叶是布，石头还是石头。”当成人说剪刀时，宝宝拿出树枝，说布时，拿出树叶，说石头时，拿出石头。

附玩法：

剪刀：两脚一前一后，做“开叉”样

石头：两脚跳起来并拢，保持不动哦

布：两脚往两边打开，呈“大字”样

游戏开始前，
先来跑跑热热身吧！

跟妈妈先来
试玩一下。

小脚比个“布”。

小脚比个“石头”。

小脚比个“小剪刀”。

游戏贴士：

1. 还可以在大草坪上和宝宝一起捡小石头、玩吹泡泡、奔跑抓泡泡、放风筝等游戏。

2. 日常生活中，可以多跟宝宝一起做手指谣之类的锻炼手部肌肉的小游戏。

游戏价值：

○ 促进宝宝身体大动作的发展。

○ 锻炼宝宝的动作模仿能力。

○ 有助于培养宝宝开朗活泼的性格。

适合月龄：

19–36个月

延伸游戏： 在大草坪上游玩时，还可以跟宝宝玩一玩手指游戏、童谣唱游游戏哦！

点一点摸一摸

成人和宝宝可以面对面而坐，成人示范食指点、五指摸五官的动作，鼓励宝宝有节奏地尝试："点点点、点点点；摸摸摸、摸摸摸。宝宝，你也来试试看！"边念儿歌边根据节奏内容点，摸宝宝的五官。

附儿歌：

点点点、点点点、点点你的小鼻子！摸摸摸、摸摸摸、摸摸你的小耳朵！

点点点、点点点、点点你的小嘴巴！摸摸摸、摸摸摸、摸摸你的小眼睛！

捏拢放开

播放《捏拢放开》的儿歌，成人跟唱并随词意按照节奏夸张地做握拳、五指分开、拍手、拍腿、拍肩等动作，宝宝反复听、看，模仿做动作。当宝宝熟悉后，成人故意拖长每一句的最后一个字，暗示宝宝模仿接唱。

牛路野营帐篷谷

时下最热门、最受亲子喜欢的游玩项目之一无疑是露营啦，来到森林公园一定要到牛路野营帐篷谷哦！

经验准备：

宝宝喜欢接触大自然，对周围的很多事物感兴趣。

环境准备：

森林公园内的牛路野营帐篷谷。

（温馨提示：官方或第三方平台有帐篷酒店的套餐哦！）

帐篷酒店温馨舒服

游览说明：

1. 进入帐篷谷，映入眼帘的是错落有致排列的白色帐篷，可以跟宝宝描述一下帐篷的特征，对宝宝说："看，这些帐篷是什么颜色的呀？咦，像什么形状呀？"……

2. 宝宝肯定会对帐篷内部很好奇，进入帐篷内参观和住上一晚会是一个很不错的亲子游体验。帐篷虽小，五脏俱全：客厅、卧室、卫生间一一囊括其中，类似于一个移动式的酒店房间。

3. 野营帐篷谷还有各种各样的花花草草、昆虫动物，可以带宝宝跟它们来个亲密接触，记录下开心的瞬间。跟宝宝交流："哇，这里有好多漂亮的花哦，宝宝闻闻看香不香？咦，小蚂蚁在搬食物呢，猜猜它们会把食物运到哪里呀？这里有蜻蜓哟，宝宝看它是什么颜色的？"……

4. 游乐场所设施一应俱全：滑梯、攀爬架、足球、篮球、攀岩墙等，让宝宝根据自己的兴趣选择，家长要做的是看护宝宝的安全和他互动交流。

我跟妈妈开心甜甜的笑容

游览贴士：

1. 森林公园内，春秋季昼夜温差大，根据气温情况带好合适的外套。

2. 公园里还有不少旅游板块：游乐园、卡丁车、跑马、烧烤、民间收藏馆等，可以根据宝宝的兴趣和体力情况一起去游玩。

游览价值：

○ 体验不同的居住环境，丰富宝宝的生活经验。

○ 培养宝宝对新鲜事物的探索欲和好奇心。

适合月龄：

13个月+

延伸游戏：

搭帐篷喽

准备好一个家用帐篷，选一处适合搭帐篷的公园绿地，带上野餐垫，带着宝宝去野餐露营。尽量选择春夏之交、秋高气爽的时节开展这样的活动。

（需注意：搭帐篷区域尽量不要靠近水边，以防蚊虫众多被叮咬。）

听听这是谁

带宝宝在户外散步或去动物园、百鸟园等游玩时，有意识引导宝宝观察并聆听各种动物的叫声，并鼓励宝宝尝试模仿。这样不仅可以帮助宝宝聆听大自然中真实的声音，还能帮助宝宝将声音和动物匹配起来。

亲子游打卡
周边推荐

农垦博物馆

具体地址： 森林公园内（距离 1 号门 100 米左右的距离）

打卡推荐： 博物馆内展示了几代农垦人的事迹，包含三个部分：围垦壮举、艰苦岁月、辉煌历程，还原从前农场的生活。

打卡价值：

1. 可以让宝宝接触一些农田知识，丰富宝宝的知识面。

2. 可以培养宝宝珍惜粮食、不浪费食物的良好生活习惯。

温馨提示：

开放时间：

周一至周日 8:30-16:30（15:30 停止入场）

门票包含在海湾国家森林公园门票内哦！

亲子游分享

您的心得、随笔、照片或视频，可以上传至“育之有道”APP 奉贤专版进行分享

漫步林间，树木静静地站在蔚蓝的天空下，展开双臂迎接阳光。
穿过草丛，晶莹的露珠滴在肥沃的湿土里，花香随风四处绽放。
沉浸其中，感受着暖阳与树木的琴箫相合，森林美景梦幻无比。

相关游览信息，供参考

具体地址：

奉贤区随塘河路 1677 号

停车事宜：

10 元 / 天，停车位充足，非常方便。

开放时间：

周一至周日 8:30–16:30

(15:30 后停止售票)

门票信息：

成人 80 元 / 人，

1.3 米以下儿童、70 周岁以上老人免票

关注官方公众号，

购买门票优惠价 70 元 / 人

联系电话：

021–57169696

其他事宜：

公园提供付费租车服务：家庭多人骑自行车、游览观光车（懒人必备哦）。

若需要入住牛路野营帐篷谷，需提前预定。

2 号门仅在梅花节 2 月 12 日 –3 月 21 日期间开放。

温馨提示：

森林公园内的各项游玩活动，建议更适合 1 岁以上的亲子家庭参加哦。

碧海沃田

同浪花欢歌 与果穗嬉舞

Introduction

碧海蓝天
金色沙滩

碧海金沙

上海南边，有一处碧波荡漾的蔚蓝海域，这片人工开凿的水上乐园名为碧海金沙。

进入景区，映入眼帘的是金色沙滩和蔚蓝大海，这里的沙子不似一般黄沙那么粗糙，非常细软。玩沙子之余，可以在水上游乐设施嗨皮一番，玩累了可以在遮阳伞下小憩一会儿。景区还有搭帐篷的区域，也可以在私密的小空间里休息。

碧海金沙还开辟有“亲子水上乐园”“碧海螺书吧”，景区的设施设备齐全并配有海上安全员。若要带娃下海，景区有更衣室，户外淋浴、冲洗设施，若忘带游泳装备，景区贴心地提供游泳装备，游客可自愿购买。同时，景区内还有西餐厅提供美食，让全家人在开心游玩的同时能够吃得舒心。

亲子打卡专线

海滩入口

A 沙滩里的精彩

"宝贝，让我们戴上太阳帽，背上小书包，装好防晒霜、水杯，还有玩沙玩具一起出发去海边玩喽！"

B

小球“回家”

C

看谁瞄得准

D

走“小桥”

对于低龄小宝宝和爸爸妈妈们来说，海滩旅行是出行再合适不过的选择了。

充足的阳光、广阔的沙滩和起伏的海浪，碧海金沙有大面积的干沙、靠近海边有湿沙，通过挖、铲、拨、抓等动作可以使其产生各种变化。

玩沙子可以让宝宝自由地、无拘无束地参与，用自己喜欢的方法进行感知与探索。

A 沙滩里的精彩

经验准备：

宝宝喜欢探索不同的物品。

宝宝小手指的力量增强。

物料准备：

玩沙工具（小铲子、小耙子、小桶等）。

游戏说明：

1. 进入沙滩，先让宝宝玩玩沙，增加对沙子的触摸和揉捏经验，用小手去感受沙子的触感。

2. 成人抓起一把沙子，让沙子慢慢地漏下来，可以故意落在宝宝的小手和小脚上，吸引宝宝的注意力。

3. 成人抓一把沙子放在手中，引导宝宝用小手指去拨弄、捏捏，满足宝宝对细小物品的探索欲。

4. 成人鼓励宝宝自己去抓、挖沙子，提供小工具，让Ta自由地去探索和尝试。

玩沙前，
先来踩踩水。

沙子里会有什么
“宝贝”呢？

到松软的沙地上
抓沙、挖沙喽！

金黄色的沙滩
踩起来真舒服呀！

游戏贴士：

1. 在玩沙的过程中，注意看护好宝宝，避免沙子弄进眼、耳、口、鼻中。

2. 如果宝宝拒绝玩沙子，可以先让宝宝去海边玩水或者让宝宝在一旁看成人玩沙，逐步吸引宝宝参与进来。

3. 游戏结束后，要帮助宝宝彻底做好清洁工作，特别是大腿部、臀部的皮肤褶皱处。

游戏价值：

○ 增加宝宝的触觉感知能力。

○ 锻炼宝宝的手指力量。

○ 提升宝宝的手眼协调能力。

适合月龄：

10–24个月

延伸游戏：

玩豆类

平日在家里，可以准备一个器皿，里面放上芸豆或黄豆等物品，可以让宝宝玩豆类时练习抓握和揉捏动作。

注意：在宝宝玩的时候可以给宝宝描述抓握时的感觉，说一说豆子的名称，还可以让宝宝抓取豆类到另一个器皿中。

（安全提示：家长务必全程陪伴，以防豆类进入耳鼻口内。）

灵活的小手

宝宝洗澡时，在澡盆里可以放上几个捏得响的塑料玩具或小块海绵，以便于宝宝用双手捏响或挤压。

小球“回家”

经验准备：

宝宝喜爱玩球类的游戏。

物料准备：

自备实心小球（类似于网球大小）、玩沙工具。

游戏说明：

1. 成人可以在沙滩上挖出一排3个洞，告诉宝宝：“洞洞是小球们的家，让我们一起来试试看，怎么送它们回家吧。”

2. 成人示范离洞30厘米左右的距离，用手滚动小球进小洞，然后让宝宝自己尝试滚动小球。成人告诉宝宝：“我来滚一个小球，宝宝也来滚一个小球，看看谁能把小球送回家，好不好？”宝宝成功后，一定要给予及时的表扬和鼓励，以此激发宝宝游戏的兴趣。

3. 成人可以将小球入洞的距离由近到远地进行调整，还可以鼓励宝宝尝试用小脚送球“回家”。

带着小球
出发喽！

我用贝壳先来挖几个洞洞。

送小球一个一个“回家”。

成功啦！开心得像花儿一样。

游戏贴士：

1. 模仿是宝宝学习的重要途径，成人应该多给宝宝做示范，给Ta创造模仿学习的机会。

2. 在游戏中，若宝宝不配合，成人要及时关注宝宝的情绪，不要强迫宝宝，须观察宝宝自己的兴趣点陪Ta一起玩。

游戏价值：

○ 锻炼宝宝的手眼协调能力。

○ 锻炼宝宝的手部控制力。

○ 锻炼宝宝的视知觉能力。[1]

适合月龄：

19–24个月

延伸游戏：

桌面滚球

可以在家里准备几个乒乓球和1个小盆子，在桌面上引导宝宝滚球，家长拿着小盆子接球，也可以家长慢慢地滚球，引导宝宝去抓球或接球。

踢球游戏

平时，可以带上皮球或小足球，和宝宝到户外玩踢球的游戏，激发宝宝在运动中逐步提升身体平衡与协调能力。

---

1. 视知觉能力是指以视力为基础的使宝宝能够对视野内的物体进行观察和辨别的能力。

略微湿润的沙地是
最佳游戏场地

C
看谁瞄得准

经验准备：

宝宝能举手过肩投掷物品且不摔倒。

物料准备：

实心小球或贝壳、海螺类玩具。

游戏玩法：

1. 成人带着宝宝在沙滩或海边寻找一些小石子，也可用自备的实心小球或贝壳、海螺类玩具在沙滩上开展游戏。

2. 成人在沙滩上画好远近不等的几个圆圈，告诉宝宝："宝宝，看到沙滩上的圆圈了吗？接下来，我们要玩一个瞄准游戏喽！"

3. 成人需要先进行示范，如何把玩具扔进圆圈里，鼓励宝宝捡起小玩具扔进去。

○ 如果宝宝因扔不进去而出现着急的情绪，成人可以握着宝宝的手一起扔或者多示范几次，再鼓励宝宝自己扔。

○ 若宝宝能成功地将小玩具扔进圈里，成人一定要及时给予肯定及表扬！

先来瞄准一个，
试试看！

差一点点进圈里喽，
继续加油！

我跟妈妈一起来，
瞄中啦！

游戏贴士：

1. 平日里可以多跟宝宝一起玩投掷类的游戏。

2. 根据宝宝的手眼协调能力情况，可以适当地降低或提高要求。

游戏价值：

○ 加强宝宝的上肢肌肉力量。

○ 锻炼宝宝的手眼协调能力。

○ 提高宝宝的身体协调和平衡能力。

适合月龄：

25–36个月

延伸游戏：

玩套圈

可以在家里准备套圈类的玩具或者准备几个圆环和小玩具，将玩具放置好，设置好站点，成人先示范如何扔圈或环套住玩具。

如果宝宝不愿意尝试，成人可以握着宝宝的手一起来扔，若宝宝愿意尝试并能够套住玩具，家长一定要给予及时的鼓励和表扬。

玩篮球

平时，可以带上小皮球或小篮球，和宝宝到户外草地或操场上玩抛球、扔球的游戏，也可以让宝宝扔球到指定的区域，锻炼宝宝的上肢肌肉力量、身体协调能力和手眼协调能力。

走“小桥”

经验准备：

宝宝具备一定的平衡协调能力。

游戏说明：

1. 成人用手指或用其他物品在靠近海边的湿沙上画几座“小桥”，可以是笔直的也可以是弯曲的。

先来画几座“小桥”。

2. 家长引导宝宝走在两条线中间，“宝贝，让我们一起过小桥吧，注意一定不要从桥上掉下来哦！”

一前一后走笔直的“小桥”。

3. 在过“小桥”的过程中，成人可以走在前面，让宝宝跟在后面。成人可以给宝宝渗透“前后”“长短”“宽窄”等概念。

4. 宝宝走得比较稳的情况下，让Ta走完笔直的“小桥”后再走走弯曲的“小桥”。

“小鸭子”走“弯弯的小桥”。

还有漂亮的充气桥哦！

游戏贴士：

1. 在游戏的过程中，可以多渗透方位词等表达，增加宝宝的词汇积累及空间方位感。

2. 成人可以在走“小桥”的过程中，假装踩到“桥”外，激发宝宝游戏的兴趣和乐趣。

游戏价值：

○ 锻炼宝宝的身体协调与控制能力。

○ 发展宝宝的空间知觉能力。

适合月龄：

18–36个月

延伸游戏：

走街沿

日常生活中，可以多带宝宝去户外，走走不同高度的街沿，家长适时给予协助，还可以鼓励宝宝双脚同时离地进行跳跃。

小画家

成人将湿沙地稍做平整，给宝宝示范一下用手指在沙地上画图形。可以从宝宝比较熟悉的形状开始，比如：圆形。

成人还可以在圆形的基本图形上创意添画几笔，把它变成小猫、小猪的小脑袋，三角形的画可以变成小房子等，从而激发宝宝的游戏兴趣。

---

1. 空间知觉是指对物体距离、形状、大小、方位等空间特性的知觉。

亲子游打卡
周边推荐

渔人码头

具体地址：具体地址：海湾路 218 号

打卡推荐：

1. 退潮后赶海捡泥螺和贝壳，欣赏落日余晖，看夕阳缓缓西下。

2. 杭州湾贝壳自然保护区、龙腾阁、包畹蓉中国京剧艺术馆、小主人世纪画廊以及海湾路文化艺术一条街等景点。

打卡价值：

1. 让宝宝接触天然的赶海环境，提升宝宝的探索欲。

2. 近距离接触传统文化，培养宝宝初步欣赏文化美的能力。

温馨提示：

全天免费开放。

亲子游分享

您的心得、随笔、照片或视频，可以上传至“育之有道”APP奉贤专版进行分享

海浪微卷，沙滩金黄，人设之海美如天造。
让清新的海风扫去辛劳，让浪漫的水花带走烦恼……
美丽的沙滩一如闪耀的记忆，缱绻铺进孩子的心灵。

相关游览信息，供参考

具体地址：奉贤区海湾旅游区海涵路 6 号

开放时间：

周一至周日 8:30—16:00（15:30 停止入园）全年开放（泳期、非泳期时间参照园区公示）

门票信息：

至游客服务中心扫码购买，门票 65 元 / 人，60 周岁以上老人半价。

130 厘米以下儿童、70 周岁以上老人免票。

游览车：票价 5 元 / 人次。

详见碧海金沙公众号或其他第三方平台（定期会有更新信息）。

适合出行季：一年四季皆可，每年 6—9 月最佳（泳期）。

温馨提示：

禁止携带宠物、飞行器入园。

如要玩水，须提前准备好玩水装备、游泳装备、备用衣物等。

景区会因天气、修整、疫情等不确定因素做经营时间的调整。

成人水上游玩自选收费项目丰富有趣，可根据需要自行选择。

温馨提示：

出于安全性、适应性及体验感的考虑，建议能够独坐的宝宝更适合到户外沙滩游玩。

停车及其他事宜：

停车费用 10 元 / 次，停好车步行 3 分钟，安检后即至游客服务中心。

因步行至景区门口需要 5~8 分钟，建议购买门票时购买游览车票，可来回乘坐。

Introduction

阡陌农园
趣玩之旅

金源果蔬

上海奉贤金源果蔬基地是由上海市农委认定的"上海市无公害农产品产地"，也是一处400多亩广袤的郊外乐园。这里有蔬果采摘、野炊烧烤、动物乐园、儿童乐园、创意乐园。采摘基地提供的水果品种繁多，蔬菜品种也非常丰富。

在基地内的草坪上，有一片专属于宝宝们的"王国"——农家儿童乐园，这里的儿童设施比起闹市里，多了一抹青空下的绿意；小小动物园里有各种可爱的小动物，可以让宝宝们大开眼界；创意乐园里，宝宝们可以快乐地创作。

在这里，宝宝们可以尽兴玩耍，成人们也可以悠然休憩，大手牵小手，恣意欢笑，从快节奏的城市生活中稍稍抽离，享受一段放松惬意又难得难忘的亲子共处时光。

金源果蔬
金源果蔬

亲子打卡专线

A 蔬菜种植园

“宝贝，我们要去金源果蔬喽，那里有可爱的小动物、甜甜的水果、绿绿的蔬菜，还可以画画、做手工哦，让我们一起准备好出发去玩吧！”

金源果蔬

手工制作区

小动物认知园

水果采摘区

蔬菜种植园

踩着松软的泥土，采摘瓜果蔬菜，

带宝宝体验一下“小农夫”的田间生活吧。

经验准备：

宝宝能够双手配合、较为持久地抓握物品。

宝宝具备简单基本的使用工具、解决问题的能力。

物料准备：

小篮筐、小铲子、小钉耙、小手套

（工具由基地提供，采摘蔬菜按斤收取费用！）

游玩说明：

1. 成人手中拿着土豆的实物，引导宝宝观察土豆的形状、摸摸土豆，感受土豆的质感，激发其兴趣。告诉宝宝：“土豆宝宝还有很多的好朋友正在捉迷藏，让我们一起把它们找出来吧！”

2. 趣味性的语言引导可以激发宝贝游戏的兴趣，在让宝宝体验做“小小农夫”角色时，成人可以这样对宝贝说：“土豆宝宝说：‘快快把我请出来，带我回家吧！’宝贝，用手中的铲子、钉耙快快去找找泥土里的土豆宝宝吧。”

3. 成人可协助宝宝拿篮子，宝宝自己拿工具。成人可协助宝宝用工具将土豆周围的泥土松一松后，鼓励Ta双手配合挖土豆，或引导其使用工具挖土豆。

附儿歌：

小小土豆真害羞，藏在土里躲猫猫。

宝宝小手真厉害，使劲用力挖出来。

4. 若宝宝能够双手配合或使用工具将土豆挖出来，成人给予鼓励：“宝宝的小手本领大，自己把土豆挖出来了。”增强宝宝独立解决问题的自信心。

游玩贴士：

1. 在游戏过程中，若宝宝不能正确地使用铲土工具，成人可做示范，也可先握着宝宝的手一起操作。

2. 若宝宝对田地里的泥土感兴趣，要给予他时间去抓、捏、揉等，玩泥土的感觉区别于平日里玩黏土的手感，可增加宝宝的触觉感知经验。

游玩价值：

○ 增强宝宝手部抓握物品的持久力。

○ 提高宝宝双手配合及使用工具、解决问题的能力。

适合月龄：

25-36个月

延伸游戏：

拔萝卜

与宝宝读一读《拔萝卜》的故事，待宝宝熟悉故事后，可以在家里一起陪宝宝玩“拔萝卜”的游戏，先准备一个“萝卜”，家里不同的人扮演不同的角色，在玩游戏的过程中可以一起唱“拔萝卜”儿歌让游戏充满乐趣。

土豆拓印画

可以把挖出来的土豆带回家或用家里的土豆，切成不同的形状，如：片状、条状、心形、花形等，准备好安全可水洗的颜料，提前给宝宝穿好反穿衣，鼓励宝宝拿不同形状的土豆蘸颜料进行自由涂鸦。

用力挖，土豆宝宝出来啦！

看看我挖的土豆大不大？

土豆宝宝，我要带你回家哦！

（特别声明：受拍摄季节因素限制，本次“挖土豆”游戏环节采取了环境提前预设的方式。

建议家长可提前了解好果蔬园当季提供的采摘品种，再行前往游玩哦。）

小动物认知园

B

在这里，可以带着宝宝认识不同的小动物，
喂养小动物，体验喂养的乐趣。

经验准备：

宝宝愿意亲近小动物或有照顾过小动物的经验。

宝宝能够用简单的句子进行表达。

物料准备：

小篮筐、小动物的食物若干。（基地会收取费用，提供喂养物料哦！）

游玩说明：

1. 成人带着宝贝来到小动物喂养区鼓励宝宝看看、说说：“小动物真可爱，它们叫什么名字呀？喜欢吃什么呢？”

2. 成人可引导宝宝将“米粒”撒落在地上，将“小草”喂给小羊，鼓励宝宝说：“小鸡，请你吃米。”“小羊，请你吃草。”

3. 宝宝缺乏在农场喂小动物的经验，因此，宝宝可能会因为陌生而出现害怕的情况，这时候不要强迫宝宝，可以示范如何喂小动物食物，鼓励宝宝大胆尝试。

4. 若宝宝敢于大胆尝试去喂小动物，给予表扬：“宝宝喂小羊吃青草，小羊对宝宝说：‘谢谢你，青草真好吃。’”……

咩咩咩……小朋友，等你来哦！

手拉手一起去小动物乐园。

小羊，咩咩咩，吃青草。

咦，大公鸡跟图画书上的好像不太一样。

喂鸡喽！香喷喷的食物送给你们。

游玩贴士：

1. 平日里可与宝宝一起阅读跟小动物相关的绘本，增加对小动物的认知。

2. 由于是原生态农场，可能个别宝宝会因为动物气味排斥接近，成人可以尝试带着宝宝慢慢靠近，由宝宝帮助拿食物，成人去喂小动物。

游玩价值：

○ 鼓励宝宝亲近小动物，表达自己的感情。

○ 体验喂食乐趣，帮助宝宝初步获得照顾周围人和物的能力。

适合月龄：

25-36个月

延伸游戏：

动物对对碰

可以准备动物喂养配对类的玩具或准备几张动物的图片，引导宝宝说出动物的名称和动物喜欢吃的食物。平日里，成人可结合图片、故事书或玩具等多与宝宝一起互动，提高宝宝的认知能力。

照顾小动物

可在家中为宝宝准备一些小动物，例如小金鱼、小乌龟等，引导宝宝观察小动物的生活习性，鼓励Ta给小动物换水、喂食，培养宝宝照顾、关爱他人与动物的能力。

水果采摘区

走进大棚采摘新鲜美味的水果，

小宝贝一定会迫不及待地伸出小手去摸、去摘啦！

经验准备：

宝宝能双手举过头顶投掷或取物。

物料准备：

小篮筐、采摘工具。

（基地提供物料，按照水果的不同类型按斤收取费用！）

游戏玩法：

1. 来到果香四溢的采摘园里，成人可以对宝宝说：“宝贝，今天来到了果实累累的采摘园里，哇！看到可爱的水果宝宝，是不是很想吃呀？接下来让我们一起拿好小篮筐、动动小手，把水果宝宝摘回家吧！”

2. 选择适合宝宝高度的采摘树，鼓励宝宝用小手去摘取水果。

3. 宝宝采摘水果，成人可以协助宝宝拿着小篮筐，对Ta说：“宝宝，小脚踮一踮，小手举起来，水果宝宝摘下来。”

4. 如果是采摘草莓，引导宝宝自己拨开草莓叶，去寻找红红的草莓，自己摘下来。

哇，大棚里的
西红柿可真多呀！

妈妈，
快跟我来。

小手用力，
红红的西红柿摘下来了。

看看我们的
劳动成果吧！

游戏贴士：

1. 该游戏可以延伸至不同的水果采摘场景中，让宝宝体验到成功的乐趣。

2. 针对月龄较大的宝宝，在采摘水果时可以渗透如“大小”“高矮”等词汇。

3. 根据宝宝的实际情况，从矮到高鼓励Ta摘水果，若高处水果要跳一跳才能够得到，须特别注意安全保护，以免宝宝在蹦跳时受伤。

游戏价值：

○ 锻炼宝宝举手过头顶取物的能力。

○ 增强宝宝的下肢肌肉力量和身体平衡能力。

适合月龄：

19–36个月

延伸游戏：

《水果歌》

香蕉香蕉弯弯，西瓜西瓜圆圆。
芒果芒果扁扁，草莓草莓尖尖。

平时可以跟宝宝一起唱与水果有关的儿歌，一开始可以让宝宝接唱，例如成人唱香蕉香蕉，鼓励宝宝说弯弯。待宝宝熟悉后，鼓励Ta唱全还可以加入手部动作。此外，成人可以引导大月龄的宝宝创编，除了这些水果外，还有哪些水果，它们显著的形状特征是什么等。

水果蹲蹲乐

邀请家庭成员一起参加，不同成员是不同的“水果”，如：妈妈和宝宝是“苹果”，爸爸是“西瓜”，奶奶是“草莓”，爷爷是“橘子”，先由妈妈和宝宝开始，说：“苹果蹲苹果蹲苹果蹲完西瓜蹲”，然后“西瓜”说：“西瓜蹲西瓜蹲西瓜蹲完××蹲”，以此类推，看谁反应快，最后剩下的就是获胜者。

若宝宝熟悉此规则后，可以让宝宝尝试自己做“水果”，跟家庭成员一起游戏互动起来，在玩的过程中需要耐心等待宝宝反应并进行表达。（循序渐进，逐步调整儿歌节奏的快慢，提高宝宝的反应能力）

手工制作区

生活在城市里的宝贝已很少能见到用草编织的“草帽”了，
在这里可以给自己制作一顶独一无二的草帽哦！

经验准备：

宝宝能够使用蜡笔进行自发性的涂涂画画。

环境准备：

草帽、各色颜料、画笔、已制作好的示范草帽。
（温馨提示：DIY手工区提供涂鸦材料。）

游戏说明：

1. 带宝宝参观、欣赏DIY手工区里的成品草帽，引导宝宝发现：原来一个普普通通的小草帽，还能变得这么好看！

2. 接下来，鼓励宝宝拿着小画笔蘸颜料，随意涂鸦（点、画线条等），观察宝宝是否能使用工具作画，激发宝宝的想象力和创造力。

3. 成人可以用儿歌化的语言引导宝宝：“小画笔，点一点，小画笔，涂一涂，漂亮的草帽完成啦！”

4. 成人要积极表扬并鼓励宝宝尽量独立完成，体验涂鸦的乐趣，涂鸦后可让宝宝逐一展示自己的作品或互相欣赏其他同伴的作品。

5. 成人要多鼓励、夸奖宝宝的作品，增加Ta的自信心：“草帽真漂亮，让我们戴上美丽又防晒的草帽吧！”

小草帽可以变得如此漂亮呀！

我也制作一顶独一无二的小草帽。

看，我可是“抽象派”
小画家哦！

创作完成，
送给亲爱的妈妈，耶！

游戏贴士：

1. 创作前，须先引导宝宝观察、想象。

2. 创作时，成人要给予支持与引导，不以“画得像不像”为衡量标准。

3. 创作过程中，不要打断宝宝的自主创造，完成后与宝宝多交流沟通。

4. 游戏过程中，使用的游戏材料必须安全无毒无味！

游戏价值：

○锻炼宝宝的手部控制力。

○锻炼宝宝的手眼协调能力。

○培养宝宝初步的审美力、启发想象力。

适合月龄：

25–36个月

延伸游戏：

用水画画

在天气晴好的日子里，带上小水桶和各种笔刷、海绵，选择安全空旷的水泥路面、木板或小区内的一角，作为宝宝用水画画的地方。可以跟宝宝说：“宝宝看，水也可以画画，多有意思呀！”让宝宝尝试自由涂鸦。还可以引导宝宝观察地面或墙面水渍的变化。如：“宝宝，你看，水会流下来！”“刚才你画的图案到哪里去了呀？”

涂鸦册

每天可以跟宝宝一起在纸上随意地涂鸦，也可以成人勾画一些简单的图案，鼓励宝宝添画或涂色，成人可以将宝宝不同的涂鸦“作品”收集起来，定期装订在一起。成人可以将装订好的涂鸦册经常拿出来跟宝宝一起分享，鼓励宝宝说一说自己的作品，增强宝宝成功的愉悦感。

亲子游打卡 周边推荐

庄行老街

具体地址：庄行镇一新街

打卡推荐：青苔石砖、石墩老桥、半开半掩的街区、雕花门窗。穿过老街，周边还有大片的田野花苑、春绿秋黄的稻田。

打卡价值：

1. 来到这样风景优美的地方，可以让宝宝感受大自然的美。
2. 古色古香的建筑特色和地方人文环境，可以扩大宝宝的认知面。

温馨提示：

1. 每年3—4月庄行菜花节可观赏到大片的油菜花。
2. 6—8月伏羊节吃羊肉、蜜梨、黄桃。
3. 9—10月稻田收割赏秋好时节。

亲子游分享

您的心得、随笔、照片或视频，可以上传至“育之有道”APP奉贤专版进行分享

田园是宝贝们的最爱
绿意满满，阳光很暖……
在田野上绽放的笑容
比春花秋叶还要纯美绚烂！
揣着一口袋的开心，满载而归。
亲爱的小天使，快快长大吧！

相关游览信息，供参考

具体地址：

奉贤庄行镇潘垫东路 1288 号

开放时间：

周一至周日 9:00—16:00

门票信息：

入园须提前预约，费用根据游玩项目而定。

联系电话：

13816099390（罗老师）

停车及其他事宜：

基地内提供免费停车位，车位数量充足。

根据时令，基地提供不同的蔬菜水果采摘套餐。

若需用餐，基地旁有农家乐提供餐食服务。

温馨提示：

请务必提前预约，负责人会根据到访家庭的需求提前做好游玩项目安排，并会提供项目对应的物料。

Introduction

世外桃源
田野童趣

吴房村

吴房村位于上海奉贤，整体风貌设计源于中国美术学院设计总院邀请著名中国画家吴山明老师与吴扬老师联袂创作的《桃源吴房十景图》。吴房村充满古韵的建筑风格，到处盛开的花朵，给“魔都人”提供了短暂逃离城市的去处。

村中密布着白色现代派建筑，墙体上的桃花图样，让它们巧妙地融入周围的古朴景致中。围绕着建筑的是一片片已经成形的桃花林，在桃花盛开的季节，仿佛粉色云层包裹着白色屋子，不禁有种“采菊东篱下，悠然见南山”的惬意。放慢脚步，缓缓前行，水车、小河、溪田映入眼帘。江南仙境美如斯，赏花醉景正当时。

吴房村

亲子打卡专线

吴房村

@微印象

诗和田野不必去远方，牵手共来吴房村，为宝贝的童心泼上一卷水墨风情，讲上一段桃园故事吧。

A 乡间路

B

米糕作坊

C

龙虾池塘

D

桃树林

乡间路

在不同的路面上走、跨、跑、跳，

还可以仔细观察、发现各种乡间小秘密哟！

经验准备：

宝宝能够独自走且不摔倒。

环境准备：

乡村环境中各种各样的路。

游览说明：

1. 进入美丽的乡村，沿河边到处都是青青的小草、美丽的花朵、清清的河水，走在乡间的小路上，可以跟宝宝说："宝贝你看，我们脚下的路有什么不一样吗？让我们一起去看看、找找有什么不一样的路吧！"

2. 成人引导宝宝走一走不同质地的路，感受不同小路带来的行走体验。可以跟宝宝说："鹅卵石路走起来坑坑洼洼的，你的小脚感受到了吗？像是在给小脚做按摩一样。砖块路是什么颜色的？木板路走起来什么感觉？"

3. 在走一走的过程中：引导宝宝观察"鹅卵石路、砖块路、柏油路、石板路、木板路"等的特征，还可以结合用手触摸的方式，帮助发现它们的不同。跟宝宝互动："鹅卵石摸起来是不是滑滑的呀？摸摸砖块路、木板路，什么感觉呀？是粗糙的。"……

4. 成人可以边念儿歌边引导宝宝走路："小小脚，走一走，走在方形的小路上；小小脚，跨一跨，跨在彩色的小路上。"

5. 针对月龄大一点的宝贝，成人边念儿歌边引导宝宝跳一跳："小小脚，跳一跳，跳在长长的方形里。"

游览贴士：

1. 家长需要多加鼓励宝宝独立行走，减少宝宝外出时的依赖心理。

2. 家长平时带宝宝外出时，可以多尝试走走不同坡度的路面。

游览价值：

○ 锻炼宝宝下肢肌肉力量、控制力。

○ 提升宝宝全身的平衡协调能力。

○ 锻炼宝宝的感知觉能力。

适合月龄：

13–24个月

延伸游戏：

跨过去

带宝宝走到障碍物前（可以是绳子，可以是长树枝等），对宝宝说："呀，这里怎么有条绳子啊？没关系，我们可以跨过去。"让宝宝观看成人如何跨过去，并鼓励宝宝尝试抬腿跨的动作。可以说："宝宝看，腿抬高，跨过去喽！你也来试试吧！"引导宝宝从障碍物中间低矮处跨过去。

温馨提示：平日生活中，要帮助宝宝养成"走路看路"的好习惯。

捡树叶

可以带着环保袋和宝宝到有植物的地方寻找落叶，和宝宝一起蹲下来观察树叶。鼓励宝宝弯腰捡起各种各样的树叶，放在随身携带的环保袋中。

注意：跟宝宝一起玩树叶时，要注意培养宝宝热爱自然的意识，不要轻易摘树叶和花。

农家小院一角落，
古色古香真美呀！

走一走鹅卵石路，
给小脚底做个按摩。

跨跨石块路，
大步跨起来。

砖块路，
跑跑跳跳真开心！

甜蜜的悄悄话
送给亲爱的爸比。

B 米糕作坊

这里有奉贤的传统特色美食米糕，带着宝贝跟传统手艺人一起来体验制作吧！

经验准备：

宝宝有见过和吃过香甜的米糕。

宝宝有一定的双手配合能力。

环境准备：

米糕作坊。

温馨提示：付费提供做米糕服务，一般情况下是10人成团。组团体验，也可以包场体验。

游戏说明：

1. 香甜的米糕是奉贤的传统特色美食，也是宝宝们喜欢吃的食物。来到吴房村，有传统手艺人可以现场演示如何做米糕，可以跟宝贝说：“宝贝，想不想吃美味可口的米糕呀？今天我们一起来制作好吃的米糕吧！”

2. 请传统手艺人给亲子家庭展示和介绍一下做米糕的工具和材料。

3. 引导宝宝积极参与到做米糕的过程中，如：筛米粉、放配料等。

4. 在宝宝参与的过程中，引导宝宝仔细观察米糕制作过程中糯米的变化：颗粒状—粉末状—固体状。可以跟宝宝互动：“小手来筛一筛，细细的糯米粉就出来喽。”“把糯米粉倒到模具里，彩色的配料放上去，哇，是不是很漂亮呀？”……

5. 等待10分钟左右的时间，米糕就蒸好了，成人和宝宝一同品尝自己参与制作的美食，可以跟宝宝说：“哇，美味可口的米糕出炉啦！尝一尝，是什么味道？好吃吗？”……

游戏贴士：

1. 活动结束后，成人可以引导宝宝回顾和分享此次美食制作的过程，帮助宝宝加深记忆。

2. 日常生活中，可以多鼓励宝宝参与不同类型的家务活动。

游戏价值：

○ 锻炼宝宝的手眼协调能力、双手配合能力。

○ 锻炼宝宝抓捏小物品的精细动作能力。

○ 锻炼宝宝的观察力和模仿能力。

适合月龄：

25-36个月

延伸游戏：

玩面粉

日常生活中，家里准备面食时可以邀请宝宝一起参与，给Ta准备一些面粉或面团，鼓励宝宝模仿成人的动作按、揉、捏面粉或面团。

注意：玩面粉类游戏，可以给宝宝穿好反穿衣，地面和桌面上准备好便于擦洗的桌布等。

叠起来

可以准备一些小毛巾、小面巾和宝宝玩娃娃家的游戏。向宝宝演示一下如何把毛巾折叠起来，请宝宝用自己的方式摆弄、折叠。

成人可以请宝宝一起帮忙收衣服、整理衣柜、折小衣物品等。

温馨提示：在米糕作坊后方有个“孔子儒学讲堂 上海奉贤推广中心”去参观一下，还可以看到很多陶艺和瓷器作品哦！

筛米粉喽，
细细的米粉筛出来。

给"九宫格米糕"
放彩丝配料。

紫苏配料的米糕，
风味独特哟！

热气腾腾，
美味可口的
米糕出炉喽！

钓虾工具一个都不能少哟!

C

龙虾池塘

在这里，可以亲子沉浸式体验成人儿时钓龙虾、钓鱼的乐趣哦!

经验准备：

宝宝能够使用简单的工具，比如：小棍子、小扫帚等。

宝宝具备一定的专注力，能够安静地站或坐3~5分钟。

物料准备：

钓龙虾工具。

备注：此项目为村内具有季节性（4—6月）的付费体验项目。

游玩说明：

1. 来到池塘边，成人可以跟宝宝说：“宝宝，小龙虾悄悄地藏在池塘里，我们要用钓虾工具和它喜欢吃的食物把它们钓出来哦！”

2. 成人协助宝宝将钓龙虾用的道具放在池塘边，让宝宝在池塘边的安全区域站着或稳稳地坐下。

3. 成人可以示范如何拿着装有饵的钓竿轻轻地放入池塘里，稳稳地握住钓竿让宝宝观察，告诉宝宝：“我们一定要耐心等待才能钓起来哦。”

4. 成人可以把钓竿给宝宝，让宝宝坐在凳子上或者站立着握住钓竿，安静地保持一段时间，等待龙虾上钩。

5. 若宝宝能够安静几分钟坐着或站着去钓龙虾，给予宝宝及时的鼓励和表扬。

6. 由于整个钓龙虾的过程可能会较长，成人可以适当加以协助，让宝宝能够收获到钓起龙虾的成功经验。

放下钓钩，握住钓竿，不能乱动哦！

哈哈，静待龙虾上钩喽！

猜猜我和爸爸钓了几只龙虾？

游玩贴士：

1. 在池塘边垂钓时，一定要特别注意安全以防宝宝摔倒或跌落。

2. 成人平时可以多带宝宝到户外参与类似的活动，培养宝宝的专注力。

游玩价值：

○ 锻炼宝宝的手腕控制力。

○ 锻炼宝宝使用工具的能力。

○ 培养宝宝安静等待、耐心的习惯。

○ 发展宝宝的注意稳定性能力。

适合月龄：

19–36个月

延伸游戏：

网小鱼

带宝宝去买小金鱼，请宝宝将自己喜欢的金鱼用渔网捞出来。如果家里养了几条小金鱼，可让宝宝参与给金鱼换水或清洗鱼缸，请宝宝把小金鱼捞出来。

捞起来

日常生活中，有许多锻炼宝宝手腕控制力和手眼协调能力的机会。例如：吃饭时，可以让宝宝自己尝试用勺子捞汤里的食物；洗澡或玩水时，可以提供几个乒乓球或其他悬浮玩具和一个大勺子，让宝宝用勺子把漂浮物捞出来。

桃树林

吴房村随处可见的花花草草、树木，
可以体验一下做“小园丁”的乐趣，给桃树浇浇水吧！

经验准备：

能用双手舀水并保持身体平衡。

物料准备：

舀水工具（小水壶、小桶等）。

游戏玩法：

1. 来到桃园里，看到可爱的“桃子宝宝”们，成人可以对宝宝说：“小桃子圆乎乎，小园丁来浇水，桃树喝饱水，桃子快长大。”

2. 成人引导宝宝选择自己喜欢的浇水工具给桃树浇水。

3. 鼓励宝宝用水瓢舀水，持水瓢走到桃树前浇水，手部力量强的宝宝可以多舀点水。

4. 游戏中成人须多鼓励宝宝的独立行为：“谢谢宝宝为桃树浇水，桃树真的很开心，你真棒呀！”

猜猜我会选
哪一个？

舀水喽！
我的小手力气
可大啦！

小手端平，
稳稳哒！

桃树宝宝，
喝水吧！

游戏贴士：

1. 还可以跟宝宝一起观察互动交流“树上结着什么样的果实”“小蜗牛躲在哪里”“小虫子长得什么样”等。

2. 游戏中若宝宝不愿意使用工具，成人不要强求，可以多示范几次或握着宝宝的手协助一起舀水浇水。

3. 可在家阳台或窗台设置自然角，帮助他们了解植物的特点和生长习性。

游戏价值：

○ 帮助宝宝了解工具并合理使用工具。

○ 锻炼四肢力量，尤其是上肢肌肉力量。

○ 锻炼宝宝的手眼协调能力、双手配合能力。

适合月龄：

25-36个月

延伸游戏：

照顾植物

可让宝宝“领养”一株小植物，定期浇水照顾它，既能锻炼宝宝手指小肌肉的控制力，又能培养宝宝的爱心和责任心。

夹夹子

日常生活中，可以请宝宝和家长一起晾、收小衣物，也可以让他玩玩夹子。为了增加亲子互动的乐趣，家长还可以把夹子夹在自己或宝宝的身上，然后相互取下来，游戏可反复进行。

温馨提示：吴房村每年三四月份会有大片的桃花盛开，景色秀丽怡人。

亲子游打卡 周边推荐

青溪老街

具体地址：奉贤区南奉公路 2765 号

打卡推荐：

1. 老街全长 1300 米，沿河两侧保存着上海南郊的乡土建筑群，还有错落有致的古桥分布其间。

2. 可以带娃乘船，游览“真实的青溪上河图”，感受江南古镇的风韵。

打卡价值：

1. 扩大宝宝的认知面，感受古朴的人文环境。

2. 外出游玩，可以增强宝宝的社交意识。

温馨提示：

免费开放，停车方便。

亲子游分享

您的心得、随笔、照片或视频，可以上传至“育之有道”APP 奉贤专版进行分享

相关游览信息，供参考

具体地址：

奉贤区青村镇平庄西路和浦星公路交叉口西

开放时间：

全天对外开放

门票信息：

全年免费开放（村内有特色游玩项目：做米糕、钓龙虾、钓鱼等，可自愿付费参加）。

停车及其他事宜：

停车收费：3 元 / 小时。

停车至吴房村 5 号停车场（导航可直接搜索）。

村内也有少量停车位，周末车位较为紧张。

温馨提示：

做米糕需要电话提前预约，

联系电话：19945637405（秦先生）。

若须用餐，村内有特色农家菜餐厅。

若宝宝游玩不尽兴，可以选择两天一晚亲子游，

入住村内特色民宿。

民宿信息可查看第三方平台，提前预订。

江南童话般的美色弥漫在瓦片之中

草荇中湿漉漉的气息尤为让人沉醉

踏上乡间路，走过白墙堆起的街巷

看清清河水，谁能不忆江南美？

贤城往事

追寻先贤们蹁跹的足迹

Introduction

童心向党
筑梦未来

中共奉贤县委旧址

中共奉贤县委旧址原为“潘公祠”，1927年8月，奉贤籍共产党员李主一与中共党员大刘、小刘在这里创办私立曙光中学，同时秘密成立中共曙光中学特别支部。这是奉贤境内第一个中共党支部。中共奉贤县委旧址于1983年11月28日被奉贤县人民政府公布为奉贤县文化保护单位，2004年被奉贤区人民政府公布为奉贤区爱国主义教育基地。

2021年7月1日，中共奉贤县委旧址经历了第二次全面修缮后正式对外开放。陈列室展出了近60幅鲜为人知的珍贵图片和近40件实物，是进行爱党、爱祖国、爱社会主义教育的生动教材。

中共奉贤县委旧址

中共奉贤县委旧址

亲子打卡专线

中共奉贤县委旧址

"宝宝，今天我们要去的地方曾经是很多英雄工作的地方，他们非常勇敢，跟我们看过的军人叔叔一样会打败坏人，保护我们的家园。让我们一起去找找发生在这里的故事吧！"

A 认党旗 敬个礼

B

听一听
红色故事

C

唱一唱
经典红歌

游览前温馨提示：

考虑到宝宝的动作发展水平、认知发展水平及实地体验感等因素，建议30个月以上的宝宝到此红色打卡点游览。游览的目的是利用环境让宝宝去感受，还可以认识不一样的建筑。

认党旗 敬个礼

提前观看一些电视节目或参加升旗仪式等活动，向宝宝介绍国旗、国歌以及升旗礼仪。

经验准备：

宝宝在不同的场合下，有见过国旗、党旗、升旗仪式等。

环境准备：

县委旧址展厅及展厅外环境。

游览说明：

1. 走进县委旧址，看到党旗，建议成人蹲下来与宝宝平视，告诉宝宝："这是我们的党旗，它是什么颜色的呀？党旗上有什么图案？"这时，成人可以告诉宝宝党旗的含义："党旗上金黄色的锤子代表工人手中的工具，镰刀代表农民伯伯的劳动工具。"

2. 在参观的过程中，每个展厅内都会有大屏影视作品展示当年的革命历程，可以带宝宝短时间驻足观看一会儿。成人还可以对宝宝说："这些英雄非常勇敢，他们和坏人英勇战斗，才有我们今天幸福的生活，我们向英雄敬个礼吧。"成人先做示范，引导宝宝跟着模仿。只要Ta愿意跟着做，就一定要鼓励和表扬Ta。

3. 可以定期带宝宝参观红色打卡点，例如纪念馆、陈列馆、展示馆、名人故居等，跟宝宝一起安静观看，创设丰富的视觉环境，通过环境去影响宝宝，慢慢地在宝宝心中埋下一颗"红色种子"。

小小爱国心，
我是爱国好娃娃！

游览贴士：

1. 跟宝宝提前讲清游览规则：不能大声喧哗、奔跑打闹、随意触碰展品。

2. 建议日常生活中成人带宝宝外出时，如看到国旗、党旗、升旗仪式、听到国歌等，都可以给宝宝简单地描述，让宝宝得到初步的视听熏陶。

游览价值：

○ 帮助宝宝认识国旗、党旗。

○ 提高宝宝的动作模仿能力。

适合月龄：

30个月+

延伸游戏：

观看升国旗

日常生活中，可以创造机会带宝宝去亲身感受升国旗的仪式，也可以通过观看电视节目或短片等形式，让宝宝观看升国旗仪式，引导宝宝在国歌响起时行注目礼。

跟成人一起涂鸦

创设跟宝宝一起涂鸦的情境，可以先和宝宝观察国旗或党旗，让他描述一下旗帜的具体特征，如旗帜的颜色、图案，图案的颜色、数量等。

准备一张大卡纸，成人先勾画出图案的基本轮廓，告诉宝宝："宝宝来帮忙涂上漂亮的颜色吧。"也可以配合剪、粘贴等活动，培养宝宝双手配合和手眼协调能力。

旧址展厅

珍贵展品

听一听 红色故事

B

游览时，当看到珍贵的展品、实物等时，可以跟宝宝分享革命英雄的小故事。

我是社会主义好儿童！

经验准备：

宝宝有听过一些红色绘本故事或看过红色题材类的动画电影。

物料准备：

县委旧址展厅、实物展品等。

游览说明：

1. 进入展厅，里面展示着革命英雄烈士的雕像，还展示着烈士生前用过的物品。成人可以对宝宝说：“这位英雄叔叔，被敌人关在黑暗的房子里，你看到他手上和脚上的铁链了吗……英雄叔叔为了保卫我们的家园牺牲了，后来越来越多的英雄加入战斗，最后一起打败了敌人。”

2. 在讲英雄故事时，可以让宝宝自主观察、提问，成人进行回应加以简要的描述，吸引宝宝倾听，也可以引导宝宝向英雄敬礼。

3. 在游览中和游览后， 还可以跟宝宝分享一些贴合Ta理解能力的小故事：“以前有位小英雄叫海娃，他每天一边放羊，一边放哨，有一天他的爸爸让他送一封重要的‘鸡毛信’给叔叔，在送信的过程中，坏人一直跟着他，还开枪打中了海娃的手，海娃忍着疼痛，终于把鸡毛信交给了连长叔叔。宝宝，海娃是不是很勇敢呢？”

听爸爸讲
那过去的事情~~~

游览贴士：

1. 游览前，给宝宝提前讲一些英雄的故事或看一些红色教育绘本。

2. 游览中，建议最好结合故事跟Ta分享,语言需要简单、通俗易懂。

游览价值：

○ 在成人的引导下，理解故事主要情节。

○ 丰富宝宝的认知，初步萌发宝宝的爱国情怀。

适合月龄：

30个月+

延伸游戏：

鸡毛信

可以在家里和宝宝一起准备好一根羽毛、一个信封、一张纸，让宝宝在纸上进行简单的涂鸦“创作”后放入信封内并贴上羽毛。接下来，和宝宝说明送“鸡毛信”的规则：送给谁，信里的内容是什么，要告诉对方什么信息等，培养宝宝的规则意识、记忆力和表达力。

跟成人一起讲

平日里，可以与宝宝一起看一些经典绘本，如《闪闪的红星》《鸡毛信》《小英雄雨来》《狱中的小萝卜头》《小兵张嘎》等，建议成人陪伴宝宝亲子阅读时，看到图片要学会等待宝宝回应或启发提问等，这样可以帮助宝宝加深记忆，待宝宝比较熟悉一些故事情节时，可以让宝宝结合图片也讲一讲，不强求Ta讲得特别完整与准确。

唱一唱 经典红歌

提前听一些儿歌，如《共产儿童团歌》《红星闪闪》等，

旋律简单，便于宝宝记忆。

经验准备：

宝宝有听过一些歌颂祖国、歌唱家乡的童谣、诗歌等。

环境准备：

县委旧址展厅或展厅外环境。

游览说明：

1. 在游览的过程中，成人可以适当地启发宝宝："听了英雄们的故事，他们是不是非常勇敢呀？我们要不要向他们学习做个棒棒的宝宝呢？"

2. 走出展厅，成人可以带着宝宝沿着旧址内几条长长的走廊走一走或在有百年历史的罗汉松旁的椅子上坐一坐。可以问宝宝："还记得我们听过的儿童团团歌吗？"成人可轻轻哼唱起《共产儿童团歌》："准备好了吗？时刻准备着，我们都是共产儿童团。将来的主人必定是我们，嘀嘀嗒嘀嗒嘀嘀嗒嘀嗒。"多重复几遍。

3. 唱的时候要适当放慢速度，鼓励宝宝跟唱或拍手一起唱；可以家长唱上句，宝宝接唱下句；还可以编一些简单的舞蹈动作鼓励宝宝模仿做。

4. 成人须依据宝宝表达能力的具体情况，鼓励宝宝自己唱或念，也可以给宝宝现场录制影像，及时地肯定和表扬Ta。

游戏玩法：

附: 影片《红孩子》主题曲《共产儿童团歌》（截取第一段）

准备好了吗？时刻准备着。

我们都是共产儿童团。

将来的主人，必定是我们。

嘀嘀嗒嘀嗒嘀嘀嗒嘀嗒。

1 动作：踏步。

2 动作：双手斜放成一条斜线。

3 动作：双手平举伸直，单脚保持站立姿势。

4 动作：原地不动，右手握空心状放置于嘴边，头可有节奏地左右摇动。

游览贴士：

1. 可以经常跟宝宝一起听一些耳熟能详的童谣或儿歌，鼓励宝宝一起哼唱。

2. 可以替换活动方案中的儿歌，哼唱宝宝最为熟悉的歌曲，便于带动宝宝加入哼唱。

游览价值：

○ 感受经典歌谣的旋律和节奏。

○ 鼓励宝宝接唱或用肢体动作表达歌谣。

适合月龄：

30个月+

延伸游戏：

童谣对唱

当宝宝逐渐熟悉歌谣内容和节奏旋律后，家长可以尝试跟宝宝进行歌谣对唱。如：家长唱前半句，宝宝唱后半句，让宝宝在活动中学会等待和轮流，回忆和表现。

律动表演

当宝宝对音乐旋律比较熟悉之后，家长可以自编一段简单的舞蹈，和宝宝一起跟着音乐节奏做动作；或者也可以启发宝宝随着音乐自己扭动身体，创编舞蹈动作，帮助宝宝学听节奏、歌词，促进对音乐的理解和表达能力。

亲子游打卡
周边推荐

奉城镇社区文化活动中心

具体地址：奉城镇兰博路 2828 号

打卡推荐：

1. 非遗文化：奉城木雕作品、奉城刻纸作品展示。
2. 各式各样的戏服展示，还有图书馆。

打卡价值：

1. 帮助宝宝初步认识家乡的非遗文化，萌发对家乡的热爱之情。
2. 成人带宝宝去游览、参观、阅读，可以拓展宝宝的认知面。

温馨提示：

免费开放，开放时间：9:00—17:30。

亲子游分享

您的心得、随笔、照片或视频，可以上传至“育之有道”APP 奉贤专版进行分享

相关游览信息，供参考

具体地址：

奉城镇奉粮路 70 号

开放时间：

上午 9:00—16:30（16:00 停止入馆）

周一、周日及法定节假日闭馆

门票信息：

对公众免费开放。

预约提示：

登录“支付宝”—“随申办”—“红途”—奉贤区“中共县委旧址”

提前进行实名预约，未预约谢绝参观！

联系电话：

021-57520071（县委旧址接待处）

停车及其他事宜：

距离县委旧址 300 米左右有免费停车场，下车后步行 3 分钟即到。

集体参观的游客平日较少，建议带宝宝平日前往，避免人群拥挤。

传承红色文化，浸润红色底蕴，汲取快乐力量。

愿感恩与热爱，根植于每个孩子的心中。

祝福伟大的祖国被火热红心长久守护！

Introduction

海塘往事
追贤芳踪

奉贤博物馆

在上海南部、金海湖畔，伫立着一座由三个相互连接而又相对独立的单体组成的美丽建筑。奉贤博物馆在“上海之鱼”整体绿生态环境的烘托下，彰显着“大珠小珠落玉盘”的优美意境。新馆占地面积约2万平方米，总建筑面积3.6万平方米，3个椭圆建筑通过屋顶的公共绿化及环形通道、二层连廊、一层的景观水系和公共空间层层连接。

馆内共设有两个常设展厅，另有两个临展厅常年举办精品展览。馆藏文物有陶瓷、书画、造像、青铜等类别共计3000余件。奉贤境内现有文物保护点200余处，其中市级文物保护单位3处，区级文物保护单位32处，文物保护点178处。

走过历史陈列厅，用这里奉地而业、奉业而市、奉民而事、奉国而争的贤人往事为宝宝们讲述一段段脍炙人口的故事。参观海塘文化厅，海塘与城市的缘起交融，为儿童点燃对脚下这片土地爱的火种。

亲子打卡专线

奉贤博物馆

大草坪

@微印象：去博物馆亲子游，最重要的是丰富宝宝外出游玩时的视觉环境，增加成人与宝宝之间的互动交流，引导宝宝初步地感受贤文化的点点滴滴。

A

奉贤历史陈列厅

B

海塘文化陈列厅

C

水边广场

游览展厅温馨提示：

博物馆主要是通过陈列展品、实物、配以视频、语音的呈现形式向公众开放，出于对宝宝认知发展水平和参观体验的考虑，我们建议30个月以上的亲子家庭更适合到展厅内游览。

A 奉贤历史陈列厅

经验准备：

宝宝对自己所住的家乡有初步的认识，知道一些地名。

环境准备：

博物馆二楼历史陈列厅。

游览说明：

1. 大部分宝宝进入馆内可能会到处转转看看，会有点“不受控制”，成人要及时发现宝宝感兴趣的点，与宝宝轻轻地对话交流，启发Ta的认知与探索。

2. 如果宝宝看到言子像，建议成人蹲下来与宝宝平视，可以跟宝宝说：“在很久以前，这位名叫言子的老爷爷来到奉贤讲学，大家都称他为贤人，后来大家为了感谢他，为他建了很漂亮的房子。”

3. 言子像旁边这座漂亮的房子就是言子祠，成人可以引导宝宝观察，“宝宝看，这个房子跟我们现在住的房子有什么不一样呀？”

4. 博物馆内文物众多，让人目不暇接，跟随宝宝的脚步，发现宝宝愿意观察的点，成人可以结合文物的文字介绍，给宝宝简单地讲述与介绍文物的名称、用途等。例如：“宝宝，你看，这是以前人们吃饭用的餐具，跟我们现在用的餐具有什么不一样？”“哇，这里有好多瓶、罐，人们以前拿它们来盛水，我们现在是用什么盛水、喝水呀？”等。

5. 成人在游览的过程中可以多用影像进行记录，可以拍摄宝宝参观的短视频，帮助宝宝后期观看加深记忆。

这里的“宝物”好多啊！

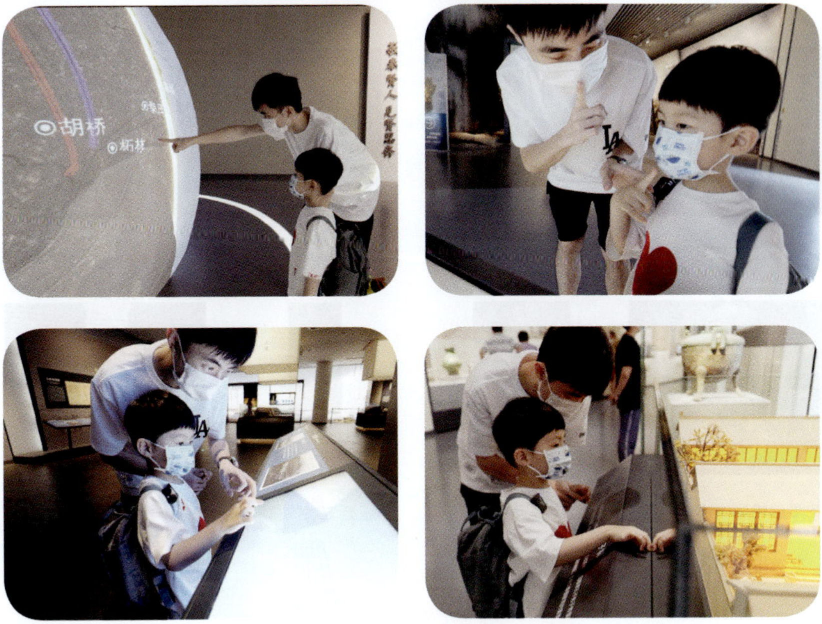

白玉吉庆花牌

黄地绿龙梅瓶

原始青瓷米筛纹罐

铜钟

乾隆款粉彩 堆塑鼻烟壶

张聿光百鹤图

张廷玉 书法轴

青花一统瓶

部分馆藏珍品

游览贴士：

1. 成人需要提前给宝宝讲述文明游览博物馆的规则。

2. 日常生活中可以跟宝宝一起看地图，找找不同的地方，说说地名等。

游览价值：

○ 萌发宝宝对自己家乡、当地文化的喜爱之情。

○ 丰富宝宝的视觉感受。

适合月龄：

30个月+

延伸游戏：

学唱方言儿歌

日常生活中，可以给宝宝播放一些耳熟能详的方言儿歌，例如一些简短的上海童谣《外婆桥》《小八腊子开会了》等，家长可以经常哼唱，并鼓励宝宝加入哼唱或自己学唱。

我是小小解说员

可以在家里给宝宝准备一个专属的小型游玩区域，例如：区域里有小桌子、小椅子、玩具柜、分类摆放的玩具、绘本架、宝宝喜爱的图书等，让宝宝给家里人或亲戚朋友介绍自己的游戏区，鼓励宝宝表达、表现。

B 海塘文化陈列厅

经验准备：

宝宝对感兴趣的活动或事物愿意主动去观察与发现。

环境准备：

B1层海塘文化陈列厅。

游览说明：

1. 进入展厅，首先映入眼帘的是栩栩如生的修筑海塘场景，成人可以跟宝宝简要地讲解：“奉贤靠近海边，很久以前这里经常遭受洪水袭击，人们开始修海塘来阻挡潮水，这样才能平平安安。”

2. 展厅内有各种介绍潮灾的彩色展板，也有“缩小版”的四种海塘模型，先让宝宝依据Ta的兴趣点去走一走、看一看。

3. 若宝宝对海塘模型感兴趣，成人可以带着宝宝观察一下“土塘”—“柴塘”—“竹笼石塘”—“石塘”，引导宝宝观察海塘的典型特征及它们之间的区别。跟宝宝进行交流：“这些海塘有什么不一样的地方吗？修筑这些海塘的材料是不一样的，一开始人们用土来建海塘，后来为了让海塘更结实、更牢固，采用木材、竹子、石头等来建海塘……”

4. 初步建立起对不同海塘的认识后，可以结合展厅内“四十里金城 十年之功”的微景观，成人可以鼓励宝宝去观察微景观，鼓励宝宝说一说发现了什么，启发宝宝回应。

5. 在展厅内，成人可以给宝宝多留下影像，也可以让宝宝参与其中进行记录，比如，让宝宝用手机或相机进行拍摄，便于后期反复观看加深记忆哦！

筑塘名人保卫家园
让我们一起来看看有哪些海塘吧。

土塘

柴塘

竹笼石塘

石塘

栩栩如生的微景观

游览贴士：

1. 此展厅光线较暗，可能有些宝宝会出现害怕、紧张等情绪，成人需要及时给予安抚，待情绪平稳后再参观。

2. 展厅里有不同的视频展示区域，建议宝宝尽量少接触电子屏幕，成人可带宝宝只做短暂停留。

游览价值：

○ 丰富宝宝外出游玩时的视觉感受。

适合月龄：

30个月+

延伸游戏： 回家后，可以跟宝宝一起玩黏土制作“海塘”、抓小鱼放进鱼塘的游戏。

黏土小制作

准备好超轻黏土，如果有机会接触到泥土的话尤佳，跟宝宝一起动手玩捏，动手制作一些小“作品”，增加宝宝的触觉感知与锻炼双手配合能力。

小鱼游来啦

1. 在室内或室外比较平整宽敞的场地上，两位成人可以面对面蹲下，搭起双手做渔网。引导宝宝做小鱼从渔网下“游”过，边唱儿歌边游戏：“许多小鱼游来啦，游来啦，游来啦！”在宝宝钻过时，突然把手放下，把宝宝围住，并说：“抓住小鱼啦！”

2. 反复几次游戏后，可以鼓励宝宝加快速度，跑步钻过渔网。

3. 平时还可以通过钻桌子、钻栏杆之类的活动，积累弯腰行走的经验。

C

水边广场

在这里，有清澈的水、彩色的鱼、绿色的植物，
跟宝宝一起做水岸边的"观察者"吧。

经验准备：

宝宝愿意亲近大自然，喜欢观察花草、树木、动物、天空、流水等自然界中的事物。

环境准备：

水边广场优美的自然环境。

游戏玩法：

1. 一起来到水边广场，看到清澈的小溪流、自由自在欢快游玩的小鱼儿，可以对宝宝说："水里的小鱼在欢迎大朋友和小宝贝来博物馆做客呢。"

2. 找安全的位置蹲下来，成人可以引导宝宝去观察溪流里的小鱼，可以问宝宝："小溪里的小鱼是什么颜色？指一指最大的鱼在哪里？最小的鱼在哪里？带斑点的鱼在哪里？"等，启发宝宝观察与回应。

3. 还可以引导宝宝继续仔细观察，"宝宝，你发现水里除了有小鱼，还有什么呀？它们是什么颜色？"依据宝宝的兴趣点向Ta介绍，拓展认知。

4. 水边广场的两端还有很多绿植，成人可以让宝宝去观察并初步认知或用成人手中的相机、手机拍摄，便于回家后跟宝宝分享回顾加深Ta的记忆。

点兵点将，数也数不清。

游戏贴士：

1. 大部分宝宝都比较喜欢水，所以去水池边须提前讲述安全规则。

2. 在水边的环境游玩时，务必时刻看护好宝宝以防不慎落水。

游戏价值：

○ 鼓励宝宝亲近大自然，激发探究兴趣。

○ 初步培养宝宝对自然界中美好事物的喜爱和兴趣。

适合月龄：

19–36个月

延伸游戏：

小小自然观察家

成人可以给宝宝准备一个自制望远镜，在公园或小区里寻找各种各样的动植物，认识并说说常见的动植物名称。

浮浮沉沉

宝宝喜欢玩水，可以在浴室里给宝宝准备一个大盆子，在盆子里放一些物品，有可以漂浮的和不可漂浮的玩具。在玩的过程中，让宝宝观察、感知水的特性，发现“有的会浮起来，有的会沉下去”的现象，在引导宝宝的探究活动过程中要多与宝宝进行交流，多以提问的方式启发Ta的探索。

大草坪

草坪上可以玩的游戏可多啦！

这里推荐跟宝宝一起玩玩“走跑停”的游戏哦！

经验准备：

宝宝能够听懂并配合成人简单的指令。

环境准备：

奉贤博物馆的户外大草坪。

游戏玩法：

1. 成人可以一边念儿歌，一边抱着宝宝跟着儿歌模仿小动物走路，儿歌停了，成人抱着宝宝停在原地不动。

附儿歌：

大象走路慢悠悠，慢慢走，慢慢走，停下来（动作：脚重重踩地慢慢走，然后停下）；

小猫走路急匆匆、走走走，走走走，停下来（动作：快速走路，然后停下）；
小狗走路跑得快，跑跑跑，跑跑跑，停下来（动作：跑起来，然后停下）。

2. 让宝宝自己走，尝试跟着成人的儿歌和节奏模仿相应的动物走路，儿歌停，宝宝也要停止不动。

3. 月龄大的宝宝，可根据Ta的大动作发展情况变换不同的儿歌跟宝宝做“小动物走路”的游戏，可以模仿小兔子、小鸭子、小乌龟等，尝试让宝宝模仿不同小动物的走路方式。

变身“小动物”，
我跟爸爸追逐跑起来。

游戏贴士：

1. 成人还可以用乐器、不同类型的音乐作为信号，引导宝宝根据不同的节奏、旋律做不同的反应。

2. 日常生活中，可以在不同的室内外环境中，跟宝宝做此游戏互动。

游戏价值：

○ 锻炼宝宝听指令做动作的反应能力。

○ 锻炼宝宝的身体控制力、平衡协调能力。

适合月龄：

19~36个月

延伸游戏： 在大草坪上，还可以跟宝宝玩“小推车”“抓尾巴”的游戏哦！

小小“手推车”

1. 找一块平坦干净的地面，对宝宝说：“宝贝，我们来玩一个小推车的游戏吧。”在宝宝前方放一个玩具（小月龄宝宝放得近一些），抓住宝宝的脚踝处，将腿轻轻往上提，使宝宝的身体与地面呈 30 度，让 Ta 双手着地，依靠手臂力量撑起身体。

2. 鼓励宝宝向前爬行，可以说：“小推车，前面有个玩具，我们开过去喽！嘟嘟嘟嘟！”

3. 如果宝宝能够撑起手臂往前走拿到玩具后要给予表扬：“这个小推车真能干啊！”

抓“尾巴”

带宝宝到空旷的场地，事先准备好丝巾塞在衣服后面，对宝宝说：“宝宝，我们一起来抓“尾巴”吧。待会儿，妈妈跑，宝宝追，抓住妈妈的尾巴，你就赢喽！”如果玩得好，可以把“尾巴”塞进宝宝的衣服里，可以说：“现在换妈妈来追宝宝啦！”根据宝宝的兴趣度和体能情况，适当延长或缩短游戏的时间。

亲子游打卡 周边推荐

沈家花园

具体地址：奉贤区南桥镇解放中路 502 号

打卡推荐：

奉贤区唯一保存完整的花园洋房建筑，反映了上海及本地建筑的历史文化特点。2004 年被公布为区级文物保护单位，2014 年 4 月被公布为上海市文物保护单位。

打卡价值：

1. 愿意跟随成人游玩，初步了解此建筑的特色。

2. 扩大宝宝的认知面，增加亲子互动交流。

开放时间：

8:00—18:00（楼内暂不开放），免费开放。

亲子游分享

您的心得、随笔、照片或视频，可以上传至“育之有道”APP奉贤专版进行分享

沪南山水，贤城葱茏，钟灵毓秀海塘东。

孩童所至，懵懂古事，且听今人颂……

博览万物，萌蘖如新芽，追蹑先贤芳踪。

相关游览信息，供参考

具体地址：奉贤区金海街道湖畔路 333 号

开放时间：周二至周日 9:00—16:30,16:00 停止入场(周一闭馆，节假日除外)

停车事宜： 停车免费，博物馆地下有停车场，若地下停车场已满，可停至青年艺术公园地面停车场、花海地面停车场、泡泡公园停车场。（PS: 地面停车场到博物馆须步行 3~5 分钟。）

门票信息：免费开放。

联系电话：021-37136868

预约提示：

登录“支付宝”—搜索“奉贤博物馆”—选择“个人预约”或“团队预约”—选择日期和场次—填写游客实名信息—确认预约即可。

登录“奉贤博物馆”官方公众号—服务—参观预约—填写预约的相关信息—确认预约即可。

温馨提示：

因文物保护的温湿度要求，展馆内温度较低，请带好外套，注意保暖。

博物馆里有偿提供语音导览讲解器，家长可自愿选择哦！

疫情期间，请根据馆内要求提前打开“健康码”“行程码”“预约信息”。

博物馆定期会举办临展，请关注“奉贤博物馆”公众号了解详细资讯。

Introduction

皮影滚灯
沪南古韵

金汇镇非遗、文化展示馆

2007年，“皮影戏”被列为上海市首批非物质文化遗产名录项目。金汇镇文化活动中心二楼“非遗工作室”，展示着皮影戏的发展历程，还会定期举办皮影戏表演活动。三楼文化展示馆展示了金汇桥文化与历史著名人文事迹，展厅面积达583平方米，总馆藏数量达100件，以实物、文字、图片等形式向人们展现金汇的历史之美、文化之美、自然之美、和谐之美。

贤城非遗文化我代言

柘林镇滚灯文化展示馆

“奉贤滚灯”流传至今已有700余年的历史。2008年1月，经国务院批准，文化部颁布奉贤滚灯入选第二批国家级非物质文化遗产名录。来到柘林滚灯文化展示馆，感受柘林百年来的滚灯文化历史，在“柘”里碰撞出耀眼的火花。宝宝们在观摩滚灯实物、观看滚灯表演的过程中将感受一番滚灯作为非物质文化遗产的艺术魅力。

亲子打卡专线

金汇非遗、文化展示馆

A 非遗文化馆

D 滚灯游戏

B

文化展示馆

走近非遗，初步感受贤城非遗文化的点点滴滴，对宝宝来说是非常有价值的感受和体验哦。

柘林滚灯文化展示馆

C

滚灯文化

A 非遗文化馆

皮影戏借由幕布、灯光、音乐、人物和场景剪影等做展示。

在这里，带着宝宝看皮影戏表演，还可以动一动小手体验哦。

经验准备：

宝宝愿意听音乐或观看舞蹈、戏剧等表演。

环境准备：

非遗展示馆、皮影戏道具、传承人的现场表演。

（需提前预约！预约信息附在本期攻略尾页。）

游览说明：

1. 进入非遗展示馆，跟宝宝一起看看、说说墙面上展示的非遗作品。

2. 跟宝宝一起看看皮影戏表演用的道具，成人简要地描述一下皮影的显著特征："皮影有着长长的木杆"、"轻轻地摸摸彩色的娃娃、小蝴蝶"、"摸上去什么感觉"、"拿着杆子动一动，娃娃和蝴蝶就可以动起来啦"……

3. 皮影戏的传承人会现场表演皮影戏，皮影戏表演时，艺人们在白色幕布后面，一边操纵手中皮影，一边用当地流行的曲调唱述故事，同时配以打击乐器和弦乐，有浓厚的乡土气息。

（表演环节：若是5组以上亲子家庭游览，金汇文化中心可以提前协调传统艺人来表演，不妨和小伙伴一起来组团打卡吧！）

4. 记录舞弄皮影的过程，待游览后跟宝宝一起回顾，可以加深宝宝的记忆。

跟奉贤区非遗皮影戏传承人
严建秋奶奶打招呼。

可以近距离地接触
皮影戏道具哦！

来比一比，
有什么不一样？

皮影戏
真有趣哟！

游览贴士：

1. 提前给宝宝看一些皮影戏的图片或小视频，初步了解一下皮影戏。

2. 若有皮影戏的各种表演剧目，可以带宝宝亲临现场观看。

游览价值：

○ 初步接触传统文化并感受民间传统艺术。

○ 通过观看与近距离体验，丰富宝宝的视听感受。

适合月龄：

25个月+

延伸游戏：

手影游戏

晚上时间，亲子时刻到喽！可以准备一个手电筒，选择一个房间，找一块干净墙面，关上灯，“手影戏”就可以玩起来了！跟宝宝说：“待会儿会有很多小动物出来跟宝宝做游戏哦！”发挥你的创意，一位成人举起手电筒，另一位成人借光做不同的动作将影像倒映在墙面上。还可以让宝宝背对着光，做出各种姿势。这个游戏宝宝肯定会玩得乐此不疲。

玩“手偶戏”

拿出家中的手偶或小玩偶，一人一个手偶，由成人先开始，例如：自我介绍，发出有趣、夸张的声音，或简单提问并引导宝宝拿着手偶进行回应，结合宝宝的语言水平进行互动。

文化展示馆

带着宝宝游览，说一说看到的不同展品，

可以很好地丰富宝宝的视听感受。

环境准备：

金汇镇三楼文化展示馆。

游玩说明：

1. 进入展示馆，金汇桥厅、桥乡水韵厅里展示的各式各样造型小桥映入眼帘，成人可以跟宝宝简要地讲解：“金汇镇是桥的故乡，桥被做成了‘迷你’小桥，宝宝看这些小桥跟我们平时在公园里走的小桥有什么不一样？看小桥上面有什么？”……

2. 展厅里陈列着不同类型的实物展品，可以根据宝宝的兴趣点去走一走、看一看，部分展示柜有一定高度，建议成人可以“抱高高”帮助宝宝看得更仔细。

3. 若宝宝对展厅里的部分展示品很感兴趣，成人可以引导宝宝去观察，鼓励宝宝说一说发现了什么，启发宝宝回应。

4. 在展厅内，成人可以给宝宝多留下影像，鼓励月龄稍大一点的宝宝参与其中进行记录，便于后期反复观看加深记忆。

外婆，快跟我一起
来看看吧！

这里有好多的
迷你小桥。

外婆告诉我，
金汇的桥可多呢！

猜猜看，
我们发现了什么？

游览贴士：

1. 展厅里玻璃展柜较多，注意提示宝宝不能敲击，做个文明小游客。

2. 平日里，成人可以多带宝宝去类似的文化展示馆或展览馆体验。

游览价值：

○ 让宝宝初步感知家乡的桥文化，了解各种各样的桥。

适合月龄：

25个月+

延伸游戏：

走走不同的桥

对于15个月以上的宝宝来说，多创造机会到户外不同类型的桥上走、跑、跳，会是非常开心的事情。建议带宝宝去公园走走小桥，看看城市的立交桥。在上坡、下坡、上楼梯、下楼梯等过程中，可以很好地锻炼宝宝的下肢肌肉力量与身体的平衡协调能力。

C

滚灯文化

各种各样的滚灯，市级传承人王正荣老师的滚灯表演可以让宝贝直观地感受滚灯的趣味性。

经验准备：

宝宝见过滚灯表演或看过相关的图片或视频。

环境准备：

与滚灯文化相关的图文、实物等，市级传承人的现场表演。

（须提前预约！）

游览说明：

1. 来到滚灯陈列馆里，里面陈列着大大小小的滚灯，墙面上还有滚灯表演的精彩画面、滚灯手工艺品、服装等。成人可以跟宝宝互动："奉贤的滚灯是用竹木、纸布做成的，有大的有小的，宝宝看，它们是什么形状的？你有没有发现大滚灯里面有什么？"……

2. 成人可以告诉宝宝："滚灯不但漂亮，还可以舞起来呢，王正荣爷爷会让滚灯跳起舞来，我们一起来欣赏一下爷爷的表演吧。"成人引导宝宝做个文明的小观众，安静地欣赏爷爷的表演。

3. 亲子家庭可以跟王正荣爷爷和滚灯艺术品一起拍照合影留念，便于后期帮助宝宝加深此次游览的记忆。

直径1.5米的滚灯在市级传承人
王爷爷的手中舞动起来，太精彩啦！

游览贴士：

1. 游览前给宝宝讲述一些关于滚灯的知识：可以看滚灯图片或小视频。

2. 游览时多鼓励宝宝进行简单的语言表达。

游览价值：

○ 近距离领略家乡的滚灯文化，喜欢摆弄各种不同的滚灯。

适合月龄：

25个月+

延伸游戏：

玩大皮球

选择一处宽敞的场地，准备一个直径60~80厘米的大球，跟宝宝一起玩互推球、双手拍球、趴球摇晃等游戏。注意：球推向宝宝的时候，速度不要过快以防撞倒宝宝；趴球摇晃时，成人要抓牢宝宝的髋关节处，让宝宝俯卧在大球上，进行前后或左右摇晃。在游戏中，若宝宝出现害怕或不配合的情况，请立即停止，先安抚好Ta的情绪。

滚灯游戏

平日里宝宝接触滚灯的机会并不多，

在这里可以跟宝宝一起玩转小滚灯哟！

经验准备：

宝宝喜欢玩球类游戏。

环境准备：

滚灯文化展示馆内的各种滚灯。

游戏玩法：

1. 利用滚灯，成人可以和宝宝一起进行有趣的滚灯亲子操，和宝宝面对面站立，配上琅琅上口的儿歌，让宝宝模仿成人的动作。“宝宝，我们一起和滚灯做操啦！小小手举起来，滚灯宝宝飞起来；小小手放下来，滚灯宝宝掉下来。”

2. 成人还可以和宝宝面对面蹲下，互相对推大滚灯，对推时引导宝宝双手用力推出去，接球的时候将双手打开。

3. 成人和宝宝也可以坐在地上，引导宝宝双腿分开，将小滚灯慢慢举过头顶或轻轻抛向空中并用双手接住，若宝宝能够成功接住，一定要及时夸奖宝宝哦！

双手举起或
抛接小滚灯

小手推一推，
滚灯滚起来。

双手拿滚灯，
开心扭一扭

推过来，
推过去，
接住喽！

游戏贴士：

1. 滚滚灯和抛接滚灯时，须注意滚的速度和抛的高度，不宜过快和过高。

2. 平日生活中，若有滚灯表演，可以多带宝宝去观看与欣赏。

游戏价值：

○ 锻炼宝宝的手部控制力和抓握的持久度。

○ 锻炼宝宝的上肢肌肉力量和身体协调性。

适合月龄：

25个月+

延伸游戏：

玩小皮球

平日里，见到滚灯的机会很少，那不妨拿出家中常备的小皮球，用玩转滚灯的方式陪宝宝一起玩吧。

击打彩球

和宝宝一起把纸卷成棍子，并用纸张和彩色塑料袋做成彩球。将彩球放在地上或悬在半空，给宝宝示范一下如何击打彩球。鼓励宝宝尝试击打，并且给予鼓励。

注意：家长记得提醒宝宝，棍子是用来做游戏的，不能随便打其他物体，更不能打人。

亲子游打卡周边推荐

申亚瑞地怡园

具体地址：金汇镇明星村 1103 号

打卡推荐：

1. 郊野吸氧好去处，是度假休闲的世外桃源，还有各种小动物。

2. 有露营区、真草足球场，可以采摘、钓鱼，有酒店住宿哦！

打卡价值：

1. 接触和亲近大自然，感受大自然的美丽。

2. 增加宝宝亲子互动的机会，加深亲子感情。

温馨提示：

无门票，开放时间：7:30—22:00，如需要住宿，可提前预订。

龙湖垂钓基地

具体地址：迎龙村村委会西北侧 330 米

打卡推荐：

1. 基地提供垂钓、越野摩托、游船、钓龙虾和螃蟹等服务。

2. 户外的大草坪可以带娃放风筝，扎帐篷，亲子乐园和沙池是宝宝们的最爱。

打卡价值：

1. 增加宝宝不同的游戏体验，特色的垂钓活动可以让宝宝体验成人儿时的游戏乐趣。

2. 建议多家庭一起前行，可以让宝宝增加社交体验，让宝宝的游玩更加愉悦。

温馨提示：

1. 开放时间：周一至周日 8:00—17:00。

2. 基地提供不同的服务套餐，可自行根据需要选择。

爱贝早期教育指导服务中心

亲子游分享

您的心得、随笔、照片或视频，可以上传至“育之有道”APP奉贤专版进行分享

且说那——
金汇宝地渊源起，
满座倾听津津然……

乍见之——
柘林滚灯扑面来，
先贤点盏今人赞！

相关游览信息，供参考

具体地址：

金汇镇中心路 10 号（金汇非遗、文化展示馆）

南胜村前胜 689 号（东方美谷莲花基地 2 楼）

（2021 年 8 月搬迁于此）

TIPS:

两个打卡点之间的车程预估在 30 分钟左右。可选择在同一天打卡两个点，也可以择日分两次出行哦（依据宝宝的体力和兴趣情况）。

停车事宜：

金汇社区文化活动中心不对外开放停车位，可在周边小区内寻找停车位。

柘林镇东方美谷莲花基地外有免费停车位。

开放时间：

周一至周日 8:30—16:30（金汇）

周一至周五 9:00—16:00（柘林）

门票信息：

门票皆免费，需电话提前预约。

（金汇皮影戏，涉及有老艺人们的组织表演，可提前电话咨询相关费用明细哦！）

联系电话：

金汇社区文化活动中心：021-57485011（徐老师）

柘林滚灯文化展示馆：13564408315（陶老师）

请提前电话预约，届时会有专人讲解！

艺术人文

纵览科学与文明的画卷

Introduction

匠心传承
童心满园

四团镇生活驿站

四团生活驿站作为奉贤四团镇的公共服务平台，既现代又个性十足的布置特别引人注目。针对社区居民实际需求，采取一室多用和本地特色文化展示等形式，设有30多个功能室和室外服务设施，居民在这里既可以享受品质生活，又可以参与社区共治。

步入其中，淡雅却童趣十足的房间映入眼帘，这里便是驿站中的“儿童服务中心”了。微图书馆、醉美书场、儿童之家、舞蹈室、手工坊、心理小屋、红色教育点等活动阵地里，滑滑梯、秋千等游乐设施上，每一天都回荡着百听不腻的童声欢笑。

这些为宝宝们而设的宝贵资源被四团镇生活驿站充分整合，以“一阵地多功能”模式，让宝宝们真正享受到来自社区的关心爱护，成为儿童的“第二家”。

8-3=5
10

亲子打卡专线

"宝宝，四团生活驿站有好多好玩的玩具，有趣的绘本，游乐场，还可以跟很多小朋友一起玩哦，想不想快点出发呀？"
"想"

四团生活驿站

非遗工作室

B 收藏馆

C 儿童服务中心

D 室外儿童乐园

A 非遗工作室

你见过只比一元硬币略大的汤婆子、暖脚炉吗？

来四团非遗工作室，带宝宝看各式各样的迷你铜艺工艺品，跟Ta一起看看说说吧。

经验准备：

宝宝喜欢摆弄一些物品，好奇好问。

环境及物料准备：

四团生活驿站一楼非遗工作室、迷你铜艺作品。

奉贤区四团镇夏家村迷你铜艺手工老艺人夏耀明可亲临现场进行分享，需提前预约！预约信息附在本期攻略尾页。

游览说明：

1. 老匠人展示迷你铜艺，成人可以引导宝宝先在一旁安静聆听老匠人讲解迷你铜艺的工艺和特色。跟宝宝说："这些迷你铜艺作品是爷爷花了很长时间做出来的，大大的东西可以变得这么小，这么可爱，爷爷是不是很棒呀？给爷爷点个赞吧！"

（展示与讲解环节：若是5组以上亲子家庭游览，四团生活驿站可提前协调老匠人来分享，不妨和小伙伴一起来组团打卡吧！）

2. 迷你的刨子、茶壶、汤婆子、算盘小巧又精致，老匠人介绍完后可以让宝宝轻轻地摆弄建立初步的感知，可以跟宝宝交流："我们喝茶用的茶壶可以变得这么小，宝宝试试看，可不可以打开上面的壶盖？"……边交流边跟宝宝一起玩假装"喝茶、倒水"的游戏。

3. 迷你的小刨子有大大的本领，可以跟宝宝互动："哇，爷爷还能用这些小的刨子刨出木屑呢，小刨子真厉害，宝宝也来试试看吧！"

4. 看到汤婆子、小算盘，同样可以引导宝宝小手拧一拧、拨一拨、数一数等，鼓励宝宝自己动手探索。

金灿灿的迷你铜艺，真漂亮呀！

夏爷爷手中的小算盘可精致啦！

迷你小茶壶的壶盖
是可以打开的哟！

夏爷爷教我如何用迷你小刨子，
真有趣呀！

我自己来试一试。

游览贴士：

1. 游览前，给宝宝看一些迷你铜艺的作品图片，激发宝宝的好奇心。

2. 平日生活中，可以多提供机会让宝宝玩动手体验、制作的小游戏。

游览价值：

○ 创造机会让宝宝初步了解奉贤特色的非物质文化遗产：迷你铜艺。

适合月龄：

25个月+

延伸游戏：

小木匠

家里可以准备一个打桩台的玩具，鼓励宝宝拿起木质小榔头去敲击木棒。在玩的过程中，成人可以给出指令，结合颜色、数量等要求，看宝宝是否可以顺利地完成指令动作。如“宝宝敲一敲蓝色的木棒，宝宝敲下2根木棒”等。

开锁

旋拧动作对宝宝来说是一个重要的手部技能，每次跟宝宝回家时，成人可以请宝宝帮忙用钥匙开锁。

四团的打船技艺

B 收藏馆

四团的打船业是奉贤唯一乃至整个上海也所剩不多的技艺，

传承数百年的民间手工制船技艺是上海手工艺的艺术瑰宝。

带宝宝来到这里，一起初步感知非遗文化的特色与魅力吧！

经验准备：

宝宝对感兴趣的活动或事物愿意去观察与发现。

环境准备：

四团生活驿站的一楼收藏馆。

游览说明：

1. 收藏馆里最引人注目的就是一艘木制的“大船”。来到大船前，跟宝宝一起聆听讲解并互动交流，可以让宝宝对“大船”有个初步的认识。“小小的船儿两头尖，船上挂着白色的帆，船帆可以帮助小船在水里行驶。”

2. 成人可以引导宝宝去触摸纯手工打造的“大船”，还可以让宝宝坐进船里感受一下。跟宝宝交流：“这条船跟我们在公园里坐的小船是不是不一样呀？这条船是用什么做的呢？”

3. 成人还可以适当启发宝宝的思考和想象，问宝宝：“船行驶在哪里呢？我们可以开着船去做什么？”

4. 四团的收藏馆里还有很多“四团特色”：钩针编织、神仙酒、棉线编织、老八样、海棠糕等，都可以带宝宝看一看、摸一摸、初步认识一下。

5. 成人可以给宝宝留下影像，也可以让宝宝参与其中进行记录，便于后期反复观看加深对打船技艺、“四团特色”的记忆哦！

我跟妈妈一起听打船故事。

纯手工打造的大船可是上海市级非遗哟！

游览贴士：

1. 游览前，给宝宝看不同船的图片，激发宝宝的好奇心。

2. 馆内的展品有些是可以触摸的，让宝宝摸摸感受一下。还有些物品须轻拿轻放，游览时需要适时地提醒宝宝注意文明游览的规则。

游览价值：

○ 培养宝宝对非遗作品的喜爱之情。

○ 通过欣赏非遗作品，丰富宝宝的视觉感受。

适合月龄：

25个月+

延伸游戏：

月亮船

平日里跟宝宝一起唱《月亮船》的儿歌，边唱边做动作帮助宝宝理解与记忆。还可以让宝宝抱一个小娃娃或其他喜欢的玩偶，双手交叉跟着儿歌一起做动作。

附儿歌：“月亮船、船月亮，船上坐着小宝宝。左歪歪，右倒倒，摇来摇去摇不倒。”

折纸

准备一张正方形纸，成人可以在纸的四角做明显的标记，在折纸的中间画一条粗的线条，便于宝宝折叠。成人双手握住纸的两角，将纸折叠起来，引起宝宝的兴趣。鼓励宝宝尝试折纸，完成后给予表扬和鼓励。

成人也可以拿出另一张纸，给宝宝看看一张平面的纸是如何变成立体“小船”的，这样可以激发宝宝对折纸的兴趣。

近距离地看看它、摸摸它。

四团的特色还有很多，快来一起认识它们吧！

儿童服务中心

这里是宝宝们的“第二个家”，室内游玩、阅读天地应有尽有。

带宝宝来到这里，可以尽情安全地玩耍哦！

经验准备：

宝宝在成人的帮助下，能适应不同的陌生环境。

环境准备：

四团驿站内二楼儿童服务中心、三楼阅览室。

游戏玩法：

1. 儿童服务中心的活动区域充满了儿童感兴趣的玩具，也是小宝宝最爱的游玩场所，来到这里可以跟宝宝玩很多的游戏。成人可以跟宝宝说：“哇，这里真好玩，有好多的玩具，宝宝来，我们一起做游戏吧！”

2. 结合中心的小型运动器械：摇摇椅、羊角球、大瑜伽球，成人可以跟宝宝一起做运动游戏；益智玩教具让宝宝动手动脑……一般情况下，宝宝会在成人的陪伴下玩较长时间，成人需依据宝宝的兴趣适当增减游玩时间。

3. 带宝宝离开二楼儿童服务中心，可以跟宝宝说：“这里真好玩，下次我们再来玩，认识更多的小朋友吧！宝宝，这里的三楼还有好多很好看的书，我们上楼去看看有没有你喜欢看的书吧！”

4. 进入三楼阅览室，轻声地与宝宝交流：“哇，这里的书真多呀，宝宝自己挑选一本，我们一起看看吧！”在看书的过程中，成人结合故事轻声与宝宝共读，可适当地提问交流：“这个是什么？你猜它是谁？它们在做什么呀？”……

富有童趣、
色彩明亮的游玩环境。

故事里的小动物
可真有趣呀！

我来拼搭一朵花
送给妈妈。

这里可是
我的秘密基地哟！

看到我专注的
眼神了吗？

游戏贴士：

1. 成人要适时地提醒宝宝爱护公共玩具、图书和其他物品。

2. 成人要提前给宝宝渗透简单的规则意识，如：轻拿轻放，物归原位等。

游戏价值：

○ 帮助宝宝建立在游玩时初步的规则意识，比如轮流、等待、物归原位等。

○ 锻炼宝宝在成人陪伴下，进行独立探索的能力。

○ 在游玩中结识不同的小伙伴，发展宝宝与同伴交往的能力。

适合月龄：

13–36个月

延伸游戏：

去游乐园

平日里多带宝宝去小区和公园的游乐区，在保证安全的前提下鼓励宝宝玩适合的游乐设施，同时要示范并培养宝宝跟其他小伙伴社交和初步的规则意识，如轮流、等待、分享等。

礼貌好宝宝

培养宝宝的礼貌习惯是渗透在生活的方方面面的，平日里的吃饭、穿衣、如厕、见亲朋好友等生活场景，成人都要示范如何礼貌地与人相处，如：得到别人的帮助，主动说“谢谢”；见到朋友，礼貌打招呼等。宝宝会在成人的榜样示范下受到潜移默化的正面影响。

室外儿童乐园

这里真好玩，一起来玩吧

在这里，户外游戏："小小探险家""寻宝游戏""你追我赶""勇敢者道路""蚂蚁搬家"等都可以跟宝宝互动起来哟！

经验准备：

宝宝能够在户外环境中愉快地投入活动。

环境准备：

四团生活驿站室外儿童游乐环境。

游玩说明：

1. 绿草坪上的攀爬架、隧道桶、可爱小屋、秋千等设施可以让宝宝先自行选择游玩一番。

2. 待宝宝游玩探索后，可以跟宝宝玩不同的户外小游戏，还可以引导宝宝跟其他的小朋友一起玩耍。

3. 还可以请宝宝设置简单的游戏规则，成人要饶有兴趣地配合与互动，这样能够激发宝宝的游玩兴趣哦。

***温馨提示：**依据宝宝的理解能力和运动能力水平，每一个小游戏前，可以跟宝宝说一说游戏规则，增加宝宝的理解能力哦。*

户外探险开始喽！

我来做“小船长”。

秋千荡起来，真开心！

游玩贴士：

1. 户外活动时，成人要时刻保证宝宝的安全，让宝宝在自己的视线范围内，以防在运动中不慎受伤。

2. 在炎热和寒冷的天气情况下，户外活动要注意给宝宝做好防晒与保暖的工作。

游玩价值：

○ 培养宝宝对运动的兴趣，愿意尝试不同的游玩设施。

○ 锻炼宝宝的身体控制力、平衡和协调能力。

适合月龄：

13-36个月

延伸游戏：

勇攀高峰

选择适合宝宝玩的攀爬设施：如小型的攀爬架、海绵攀爬组合或充气类的游乐设施，保证宝宝在成人的视线之内。若宝宝没有攀爬的经验，可以先引导宝宝观察别人是怎么攀爬的，再鼓励宝宝试试。

秋千小猴

成人跟宝宝说："我们想不想像小猴子一样'荡秋千'呀？"接着紧握住宝宝的手腕，慢慢地把宝宝提起来。成人可以轻轻左右摇晃腾空的宝宝，也可以带宝宝去户外游乐设施做这样的游戏，锻炼宝宝上肢肌肉力量。

安全提示：成人务必紧握住宝宝的手腕处，以防脱臼！

亲子游打卡
周边推荐

东篱竹隐

具体地址：四团镇农展村 1125 号

打卡推荐：

1. 网红民宿，环境静中取静，周边都是一片片田园风光。

2. 大片草地、蔬菜种植、小动物，还有适合宝宝玩的游乐设施。

打卡价值：

1. 亲近大自然，走进农村，感受乡村的田野气息，欣赏田园美。

2. 建议几组亲子家庭结伴出游，游玩时扩大宝宝的社交面哦！

温馨提示：

1. 节假日前往，需要提前订房。

2. 停车方便且免费哦！

亲子游分享

您的心得、随笔、照片或视频，可以上传至“育之有道”APP奉贤专版进行分享

如梦佳期，似水华年
点点滴滴连接交错……
孩子们的欢笑汇成涓流，
歌唱着，跳跃着，奔流向这处名为『生活』的乐园。
对于来到四团的宝贝们而言——
快乐回『驿』，永不停歇。

相关游览信息，供参考

具体地址：

四新街 17 号

停车事宜：

生活驿站的停车位较少，建议停车至四团镇政府（免费停车）再步行前往驿站。

开放时间：

每周一至周六 8:30—16:30

门票信息：

无门票，免费开放。

预约电话：

021-57531016

（迷你铜艺展示涉及有老匠人特地前往驿站进行讲解，可提前电话咨询相关费用哦！）

温馨提示：

出于健康和安全考虑，进入儿童之家请自备宝宝的防滑袜哦！

驿站定期会举办主题活动，请关注驿站内活动资讯内容，关注微信公众号“四团生活驿站”。

建议可以跟小伙伴结伴出行，这样游玩会更开心哦！

Introduction

蜜蜂之事
木作之形

蜜蜂科普博物馆

奉贤区柘林镇的蜜蜂科普博物馆，藏满了和蜜蜂相关的宝物，这里体验丰富，展品琳琅满目。美妙的灯光交互，将蜜蜂和人类的历史铺开陈述。

先贤与蜂蜜的接触，养蜂人的史书，各式蜜蜂的标本，蜂巢的秘密和构筑，蜂蜜的生产与存护。你是不是对蜜蜂本身更有兴趣了呢？

探秘小众科普博物馆

真静传统木作博物馆

奉贤区南桥镇的真静传统木作博物馆是为木作的记忆与传承而设。它是木作工具历史的博物馆，是一家展现“非物质文化遗产（榫卯技艺）”的展示馆，也是一家可以亲自动手的体验馆。

质朴的建筑保留着原先工厂厂房的模样，水泥外墙上有几扇独特的“窗”，展示着斧、钻、刨、凿等木工用具。博物馆里常设“木研社”展厅和特展厅两大展区，珍藏着近3000件与木作相关的实物及文史资料。

亲子打卡专线

蜜蜂科普博物馆

A 蜂蜜知识长廊

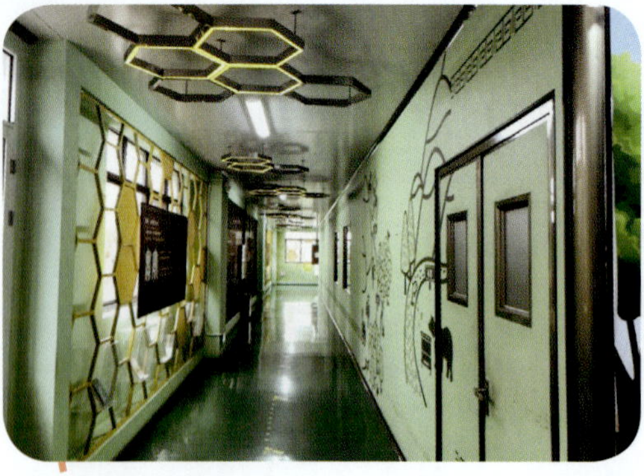

"宝宝，今天我们要一起出发去博物馆探险喽，那里会有很多好看的、好玩的，想知道是什么吗？让我们一起去看看吧！"

B 蜜蜂知识展馆

真静传统木作博物馆

C 木作展馆

D 木作体验坊

游览前温馨提示：

本期小众博物馆的环境对于宝宝来说是不熟悉的，一些宝宝可能会出现因为环境陌生而情绪不佳的情况，家长可以事先给宝宝带一个心爱的玩具作为心理安抚。

蜂蜜知识长廊

进入馆内，看到卡通有趣的画板、机械流水线等，可以跟宝宝说说蜂蜜的生产过程哦！

经验准备：

宝宝在大自然中见过蜜蜂，在日常生活中认识蜂蜜。

环境准备：

蜜蜂科普博物馆的长廊、画板、全程透明加工生产线等。

游览说明：

1. 长廊内最吸引宝宝眼球的是：通过透明的玻璃，可以看到一个个无菌工作车间，这些可不是摆设哦！

2. 隔着玻璃，能亲眼目睹蜂蜜、蜂胶的生产过程，可以看到流水线机器工作的过程，成人可以借助有趣的儿歌，生动地跟宝宝互动：

小蜜蜂嗡嗡嗡，辛勤劳动把蜜采
甜蜂蜜美滋滋，机器把它装进肚
一个接着一个出，蜂蜜酿造真奇妙！

3. 带着宝宝游览的同时，可以跟宝宝简要地渗透一下"劳模"蜜蜂的本领，蜜蜂酿每一滴蜜的辛苦。"我们喝的蜂蜜是蜜蜂飞到花朵上一点一点采回来放进蜂巢里，叔叔阿姨把蜂巢放进摇蜜机里，蜂蜜被摇出来就可以放进瓶子里了。"

4. 带宝宝动手操作摇蜜机，快速转动摇蜜机的手柄，蜂蜜会从蜂巢流出来。

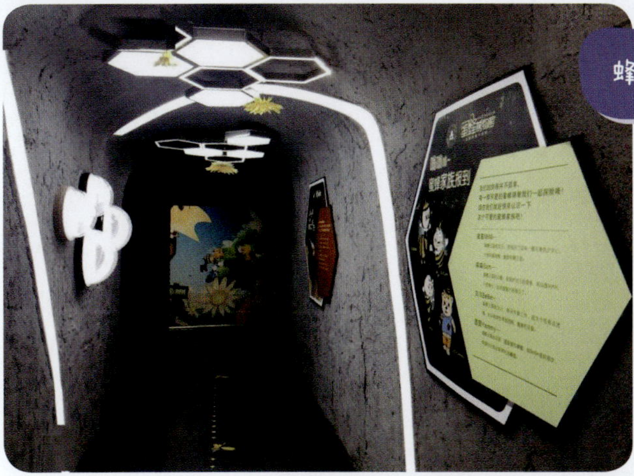

蜂蜜知识长廊。

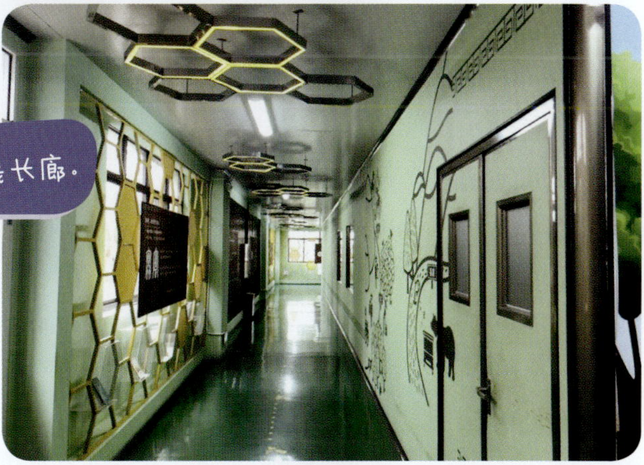

蜂蜜生产线长廊。

转一转摇蜜机，
蜂蜜出来喽！

游览贴士：

1. 在游览过程中，结合宝宝感兴趣的点，多多鼓励宝宝用简单的语言表达或重复所看到的事和物。

2. 平日生活中，可以跟宝宝一起看看科普类的绘本，让宝宝初步认知一些科学小常识。

游览价值：

○ 激发宝宝的好奇心和探索欲。

○ 给宝宝渗透自然科学启蒙的小常识。

适合月龄：

30个月+

延伸游戏：

我给蜜蜂穿花衣

可以在宝宝面前，勾画出蜜蜂的简易轮廓，也可以打印出一份蜜蜂的简笔画，跟宝宝描述蜜蜂的典型特征。鼓励宝宝按照自己的想法给蜜蜂涂色“穿花衣”，只要宝宝愿意涂鸦，并不一定要按照颜色要求进行涂色。

DIY蜂蜜“三明治”

准备好几片面包、儿童食用蜂蜜及其他宝宝喜欢吃的健康食材，如：鸡蛋、苹果片、黄瓜片、火腿片等，跟宝宝一起DIY三明治。制作时，鼓励宝宝自己动手，如：舀蜂蜜、涂抹蜂蜜、放其他食材等，过程中培养宝宝的耐心、提高宝宝专注力与动手能力等。

（温馨提示：由于宝宝肠胃系统发育不完全，建议2岁以上的儿童可少量食用蜂蜜，每次只能食用一小汤匙。）

蜜蜂知识展馆

在这里，带着宝宝一起游览，说说蜜蜂的身体特征、蜜蜂家族的分类，还有它们的分工等自然科学启蒙小常识。

经验准备：

宝宝见过蜜蜂并对蜜蜂感兴趣。

环境准备：

三楼蜜蜂科普知识馆。

蜜蜂家族的分类

游览说明：

1. 来到三楼科普知识馆，首先映入眼帘的就是一个巨大的蜜蜂造型，可以引导宝宝仔细观察一下蜜蜂的身体构造特征，简要地讲解一下哦！“蜜蜂有一对触角，两对翅膀，五只眼睛，六条腿。”

听妈妈介绍蜜蜂家族。

2. 平日里罕见的六边形蜂巢，在这里可以近距离地观察，带宝宝仔细观察一下它的构造，增长宝宝的见识。

3. 走到展厅内，蜜蜂家族的分类、分工，各种各样的蜜蜂标本都可以让宝贝大开眼界，建议爸爸妈妈们可以多做影像记录，回家后能继续跟宝宝回顾和加深记忆。

蜜蜂的一生，一起来看看吧！

游览贴士：

1. 游览前，提前给宝宝看一下关于小蜜蜂的图片或小视频等。

2. 平日里可以跟宝宝一起看关于动物的绘本故事或画册。

游览价值：

○ 培养宝宝观察事物的能力，鼓励 Ta 发现其明显特征。

○ 通过创设多样的游览形式，激发宝宝的探索欲和对事物的好奇心。

适合月龄：

30个月+

延伸游戏：

小蜜蜂嗡嗡嗡

平日里，可以多带宝宝去户外自然的环境中，发现大自然里可爱的昆虫。借由耳熟能详的儿歌，跟宝宝互动交流，如当宝宝看到了飞舞的蜜蜂，可以唱“小蜜蜂，嗡嗡嗡，飞到东、飞到西，传花粉、采花蜜，我们学它爱劳动”的儿歌，自然而然地渗透蜜蜂的特征，增加宝宝的认知。

游览昆虫博物馆

若被问到地球上数量最多的动物是什么，答案一定是昆虫。位于徐汇区枫林路300号的上海昆虫博物馆，有很多“奥秘”期待宝宝来发现。博物馆的一楼是种类繁多的昆虫标本，二楼是活体昆虫展示区、鸣虫展区、众多种类的蝴蝶标本，还可以亲子制作独一无二的蝴蝶贺卡。可关注“中科院上海昆虫博物馆”公众号了解详细开放时间和门票信息。

C 木作展馆

带宝宝一起走进木艺的世界，
游览时跟随Ta的脚步，说一说看到的各种木作品哦。

经验准备：

宝宝喜欢玩木制类玩具，如：积木等。

认识日常生活中一些木制品，如：木桌、木椅、木凳等。

环境准备：

木作博物馆内展示的各种文物、木制器具和榫卯玩具等。

游览玩法：

1. 木研社展区的玻璃柜里，陈列着许多日常生活中不常见的不同材质、造型各异的锯子、刨子、尺、钻、锉、墨斗等，在游览的过程中可以跟宝宝互动。“以前，人们用锯子锯木头可以做很多东西，像小板凳、小椅子。咦，这个是什么？是刨子，宝宝猜猜看它是用来做什么的？这里还有好多小鱼形状的墨斗，看看有没有长得一样的呢？”

2. 特展展区陈列着精选木作工具，木工艺用品及精致木家具、经典的榫卯结构玩具，可以让宝宝轻轻地触摸木作品，跟宝宝交流：“这是以前人们家里的桌子、椅子、柜子，宝宝看这张床是不是跟宝宝睡觉的床不一样呢？”……

琳琅满目、珍贵稀奇的展品。

“鱼”墨斗，真精致！

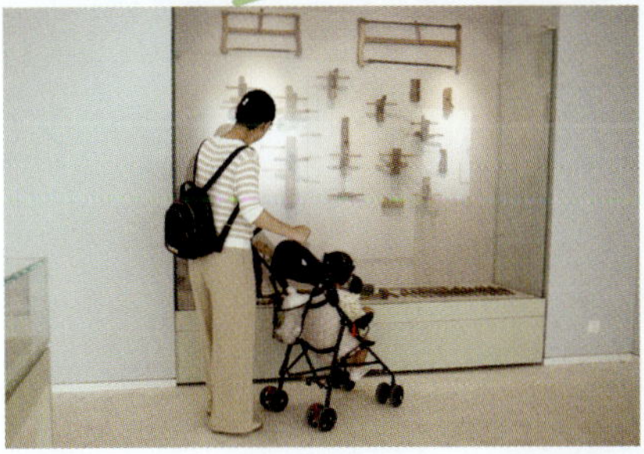

各种各样有趣的
木作工具。

木头的用途和
变化可真多呀！

妈妈看，
那里是什么？

游览贴士：

1. 平日生活中，可以给宝宝提供多样的木制玩具让Ta玩耍与体验。

2. 在游览的过程中，成人要做到跟随宝宝感兴趣的内容进行互动交流。

游览价值：

○ 培养宝宝观察与发现物品特征的能力。

○ 激发宝宝的好奇心和探索欲，愿意探索不同的事物。

适合月龄：

30个月+

延伸游戏：

比较游戏

在生活中，可以跟宝宝玩的“比较”小游戏有很多，如：在小区里，看到地面有落叶，可以捡起两片树叶，让宝宝说一说叶子之间的区别；在家里，可以引导宝宝观察常见物品的不同（材质、颜色、大小等）。多进行这样的生活小游戏，可以很好地培养宝宝的观察力与表达力。

培植小菌菇

可设置种植角，准备好花盆、木屑、菌种（网上购买）、小喷壶等，跟宝宝一起培植小菌菇吧！请宝宝每天给菌菇喷水，保持湿润，注意不要积水，放置在背阴处，一般5天左右就能长出小菌菇哦！可以引导宝宝每天观察菌菇的生长过程，体验种植的乐趣。

榫卯玩具
应有尽有

木作体验坊

在这里，可以观摩老匠人现场制作木作品，还可以带着宝宝一起动手拆拆玩玩。

经验准备：

宝宝愿意动手动脑拆玩具。

环境准备：

博物馆木作工坊内的各种榫卯玩具。

（知识小贴士：榫卯玩具的特点是在物件上不使用钉子，利用卯榫加固物件，体现出中国古老的文化和智慧。）

游览说明：

1. 在木作工作坊，看到桌面上摆放的各式各样榫卯玩具，可以先带着宝宝认识一下这些玩具，摆弄玩一玩。

2. 成人可以告诉宝宝："这些木头玩具是可以打开的哦，让我们一起来动动脑筋看看怎么打开吧。"

3. 可以先让宝宝自行探索一下如何打开，若宝宝碰到困难，成人可以稍加协助和示范，鼓励宝宝自己探索和发现。

4. 若宝宝在成人的引导下，能够打开木头玩具，一定要给予宝宝及时的鼓励和表扬。

木作传承老匠人
现场演示。

爷爷手中的刨子
真厉害！

我也来试试看！

游览贴士：

1. 宝宝在拆玩榫卯玩具时，可能会出现失去耐心的情况，成人一定不能强迫宝宝必须打开，要耐心引导，也可适当给予帮助，和宝宝一起体验成功的愉悦感。

2. 平时，成人也可以给宝宝准备一些类似的玩具，提供安静的环境让宝宝能够专注地思考和操作。

游览价值：

○ 培养宝宝的耐心、自信心和专注力。

○ 锻炼宝宝解决问题的能力和动手能力。

○ 激发宝宝早期的创造力、想象力和思维力。

适合月龄：

30个月+

延伸游戏：

积木“金字塔”

积木的游戏玩法有很多，对于 30 个月以上的宝宝来说，不再局限于简单的垒高游戏，可以加入有想象力和创造力的小游戏了。可以搭起一个小型“金字塔”，引导宝宝观察它的造型有什么不同。鼓励宝宝尝试自己搭起“金字塔”，这个过程可以很好地锻炼宝宝的手眼协调能力和对空间方位的判断能力。

玩拼图游戏

宝宝玩拼图游戏，可以培养宝宝的耐心、观察力、专注力及解决问题能力。建议 2 岁以上的宝宝，可以从最简单的 3~4 块的拼图游戏开始，在宝宝能较为熟练地完成少量的拼图后再逐步增加拼图的块数。

（注意：最初玩的拼图要选择非插入式的。）

亲子游打卡周边推荐

乐田海湾农场

具体地址：海湾路与欣奉路交叉口东北

打卡推荐：

1. 内设森林游乐场、亲水池塘、乡宠空间、无动力体验场、桃花林等休闲功能板块。

2. 遵循生态种植法则，提供会员租地、农耕体验，是城市周边的田园社区。

打卡价值：

1. 让宝宝感受多样的农耕生活体验：插秧、挖菜、摸鱼、泥塘玩球等，可以培养宝宝解决问题的能力、勇于克服困难、不怕脏和累的品质哦！

温馨提示：

1. 会组织各种主题活动，详见官微或小程序。

2. 需要提前预约农场的专享活动哦！

上海大船酒店

具体地址：航南公路 4988 号

打卡推荐：

酒店以“船”的造型建造，特别显眼，酒店内还有很多船的模型。酒店内的风格以海洋为主题思路设计，酒店内还有游泳池和小型游乐园，适合带着娃娃们去嗨哟。

打卡价值：

1. 去“大船酒店”可以让宝宝直接感知船的立体形象。

2. 可以扩大宝宝的认知面，锻炼宝宝的社交能力哦！

温馨提示：

节假日前往需要提早订房哦！

亲子游分享

您的心得、随笔、照片或视频，可上传至“育之有道”APP奉贤专版进行分享。

相关游览信息，供参考

具体地址：

发工路 999 号（蜜蜂博物馆）

南桥路 839 号（木作博物馆）

TIPS:

两个打卡点之间的车程预估在 20~25 分钟。可选择在同一天打卡两个点，也可以择日分两次出行哦（依据宝宝的体力和兴趣情况）。

停车事宜：

两个博物馆都为院内免费停车。

开放时间：

周一至周六：9:30-15:30

（蜜蜂博物馆）

周二至周日：9:00-16:30，节假日除外

（木作博物馆）

门票信息：

门票皆免费，须电话提前预约。

联系电话：

森蜂园蜜蜂博物馆：15800309617（李老师）

真静传统木作博物馆：021-57403509

蜜蜂飞舞，如金星飞溅，它们常去花簇间，演奏名为勤劳的乐曲，忙碌又快乐。

木材静伫，如高山永固，它们长留屋檐下，化作岁月隽永的凭证，温柔又可靠。

Introduction

火车与树
舞台与书

火车头城市书屋

一处露天的月台，脚下是木材堆砌的地板，黑色的火车头雄赳赳地朝着大海的方向，黑色漆面的火车头熠熠生辉，却不会鸣响汽笛，因为火车头后拖着的绿皮车厢，是一处藏书的宝库。书屋若细细探访则别有洞天，书屋内部有150平方米，目前藏书超5000册，共设有80个座位。一节节车厢划分成不同阅读区域，在城市书屋的车尾部，是可供父母与宝宝一同阅读的亲子阅读室，摆放着各类适合儿童阅读的书籍。

书香与艺术之旅

九棵树未来艺术中心

九棵树未来艺术中心是一颗播撒在城中森林的种子，已经发芽长出两个“叶片”包裹着整个剧场。水岸边嬉戏的主体建筑承袭了大自然的清新与通透。当优美的旋律伴随阵阵微风化作天籁之音，点燃沉睡心灵的火花时，城市中央公园携手A级剧场，连同舞美灯光、未来梦想，恢宏地呈现在上海之南。经典在这一刻凝聚升华，这处童话般的艺术乐园，正静待着小观众们的到来。

亲子打卡专线

@微印象：奉贤特有的融艺术、人文为一体的“网红”打卡地，带娃游玩，领略书香与艺术，必定让宝宝流连忘返。

火车头城市书屋

C

艺术中心雕塑

D

艺术中心剧院

火车头

车厢书屋

九棵树未来艺术中心

火车头

静止的火车头和车厢安静地在闹市站台边停留，

宝贝或许会有这样的感受，绘本中的火车“穿越”到了身边。

快带宝宝一起来认识一下它们吧。

经验准备：

宝宝见过火车或看过与火车相关的故事书。

环境准备：

黑色的火车头、黑色和绿色的铁皮车厢。

游览说明：

1．“呜呜呜，火车开来了！”带着宝贝来到火车头前，跟宝贝描述一下火车头的造型特征，可以让宝贝用手触摸感受一下铁皮火车的质感。

2．成人可以问宝宝：“火车除了有车头还有什么呀？是车厢哦！车头是妈妈，车厢是宝宝。”引导宝宝看看车头和车厢有什么区别，车厢还有什么突出的特点等。

3．结合宝宝的兴趣点，可以走在月台上带宝宝慢慢地游览，轻轻地触摸，跟宝宝互动交流：“看，这是火车的轮子，轮子是什么形状的？火车下面是什么？是铁轨，火车是在铁轨上行驶的。”……可以给宝宝和火车合影留念，便于回家后翻阅查看加深记忆。

爸爸，
这是什么？

原来是火车，
它好大呀！

火车的车轮原来
是这样的！

月台上来个
爱的抱抱吧！

游览贴士：

1. 可以带宝宝乘坐多样的交通工具，增加Ta的出行体验。

2. 可以经常与宝宝一起阅读与交通工具相关的绘本故事。

游览价值：

○ 扩大宝宝的视野，增加对交通工具多种用途的了解。

○ 在游览的过程中，锻炼宝宝的想象力和语言表达能力。

适合月龄：

25-36个月

延伸游戏：

车上的轮子

播放儿歌《车上的轮子》，成人结合歌词内容示范肢体动作，鼓励宝宝加入进来一起模仿做动作。平日里，可以经常播放歌曲，鼓励宝宝结合歌曲内容做动作，锻炼宝宝对歌词的理解能力与动作模仿或创编能力。

开火车

家里的家庭成员一起或者在小区里跟几个小伙伴一起玩“开火车”的游戏，跟宝宝说：“大家一起来开火车喽！宝宝来做火车司机，我们做车厢，火车开动啦！呜呜呜，咔嚓咔嚓咔嚓，呜……”注意：在“开火车”的过程中要控制“车速”，以防宝宝在游戏中跑得太快而摔倒。

车厢书屋

火车头书屋可谓是一个“宝藏”，里面装着琳琅满目的绘本、图书，亲子可以在这里安静惬意地阅读，放松心情，欣赏书中精彩的世界。

经验准备：

宝宝喜欢亲子阅读，愿意与成人共读和分享。

环境准备：

火车头书屋，可以自带1-2本宝宝喜欢的绘本。

游玩说明：

1. 带着宝宝走进火车内，跟宝宝先一起参观一下火车内的布置，看一下不同的书目。“刚才我们看的火车原来是书的家呀！宝宝，选一本你喜欢的故事书，我们一起读一读吧。”请宝宝自己找个舒适的位置坐下。

2. 可以让宝宝自己按照平常喜欢的方式阅读，成人可在一旁加以引导。针对小月龄段的宝宝结合图片进行绘声绘色的讲解，可以更好地吸引Ta的兴趣，月龄稍大一点的宝宝，可以尝试着用简单的句子进行复述或表达。

3. 在书屋里，宝贝肯定会被各种各样的书籍吸引，成人须引导宝宝看完一本归还一本，成人在旁陪伴阅读、启发宝宝思考。

宝宝看，
这里有好多的书！

一起来亲子阅读区
看书吧！

跟爸爸一起看书，
真有趣！

游玩贴士：

1. 成人要适时地提醒宝宝注意物归原位，培养宝宝良好的秩序感。

2. 要把选择阅读绘本的“权利”给宝宝，让宝宝做选书的“主人”。

3. 在阅读时，不要轻易打断宝宝，要善于发现宝宝感兴趣的图片启发宝宝阅读和思考。

游玩价值：

○ 在亲子阅读的过程中，培养宝宝的专注力、倾听能力、表达能力。

○ 在公共环境中，随机渗透规则感和秩序感的培养。

适合月龄：

25–36个月

延伸游戏：

去图书馆

平日里，经常跟宝宝一起亲子阅读，如形成睡前阅读的好习惯。成人也可以经常带着宝宝去不同类型的图书馆、绘本馆等场所，在不同的环境中给宝宝营造阅读的氛围。

我是故事小达人

选择宝宝喜欢阅读的简短小故事，成人可以带着宝宝一起表演“故事”，分角色扮演故事情节，鼓励宝宝把故事里的主要情节和对话表现出来。

如：“小兔子乖乖”的故事就很适合妈妈和宝宝一起来演一演。

C 艺术中心雕塑

偌大的艺术中心，处处充满了科技、艺术、人文气息，

各种雕塑作品承载着创意，带着宝宝可以去找找“九棵树里的好朋友”哦!

经验准备:

宝宝具备一定的观察能力，会进行简单的配对、归类。

环境准备:

艺术中心的各种艺术雕塑、建筑物的造型柱等。

（温馨提示：建议提前给宝宝看一下雕塑、造型柱等的图片。）

游戏玩法:

1. 来到九棵树，可以带宝宝一起看看艺术中心的导览指引图，跟宝宝互动，激发Ta游玩的兴趣。

2. 待宝宝关注到造型雕塑后，可以跟宝宝说：“九棵树未来艺术中心里还有其他的雕塑是它的好朋友，我们一起去找找吧。”

3. 若宝宝月龄偏大，可以先给宝宝看看造型雕塑的图片，先跟宝宝共同寻找一个有特色的雕塑，然后引导宝宝自己去寻找其他的造型雕塑。

4. 九棵树户外游玩区域还有金色造型柱，跟宝宝找到后可以跟Ta在这里做“我藏你找”“S路奔跑”的游戏。

小狗摄像，
找到你啦！

金灿灿的狐狸，
被我发现啦！

金色柱，
原来你们在这里呀！

黑色小鸟，
你在想什么？

耶！
都找到啦！
胜利！

游戏贴士：

1. 平日生活中，可以把“找朋友”的游戏迁移到不同的场景跟宝宝互动，如：在小区、公园等地方找一找银杏树，跟Ta简要地描述树和叶子的特征，然后引导宝宝去找找其他的银杏树。

2. 可以带宝宝去不同类型的艺术馆、艺术中心等，给予宝宝艺术熏陶。

游戏价值：

○ 培养宝宝初期的观察、记忆、配对、归类能力。

○ 培养宝宝初期的艺术感受力，喜欢观赏自然景色、建筑景观。

适合月龄：

25-36个月

延伸游戏：

小眼睛亮晶晶

在给宝宝挑选图画书时，可以增加一些锻炼宝宝观察力和记忆力方面的游戏书，在阅读的过程中，融入一些“小任务”，如：可以让宝宝找一找故事的主角藏在哪里？猜猜它是谁？有几个？……成人需根据宝宝的认知情况提高或降低“任务”难度。

找朋友

播放儿歌《找朋友》，先让宝宝熟悉儿歌内容，成人可以随着儿歌的节奏做动作，跟宝宝一起互动。待宝宝熟悉旋律和动作后，可以引导宝宝跟不同的家庭成员或小伙伴一起唱歌、做动作。

艺术中心剧院

九棵树未来艺术中心将森林、建筑、自然、水系、人文与艺术等概念融为一体，分为3个室内剧院以及水岸、森林剧院两个户外剧院。带宝贝游览，将会带给Ta独特的视听体验。

经验准备：

宝宝愿意跟随成人去不同的地方。

环境准备：

九棵树未来艺术中心的室内外剧场。

温馨提示：

请提前查阅中心的演出剧目，打卡出游可以一举两得哦！

出于安全和秩序管理考虑，室内3个剧场如要参观游览需要提前购买剧目才能进入哦！

游览说明：

1. 告诉宝宝："九棵树未来艺术中心有5个剧场，这些剧场很漂亮，在剧场里大家可以看到很好看的节目和表演。宝宝，我们一起去看看剧场里有什么好玩的吧！"

2. 带领宝宝在打卡室内剧场时，鼓励Ta自己上下楼梯，边游览边跟宝宝互动交流，进入剧场内，由于灯光较暗，提醒宝宝上下楼梯注意安全。还可以引导宝宝观察剧场里有什么好看的、好玩的。若带宝宝看剧，剧场美轮美奂的环境变化、音乐与灯光变换，这些都可以给宝宝带来丰富的视听感受。

3. 来到室外剧场：艺术中心会定期举办灯光秀、舞台秀等表演剧目，若白天带宝宝游览打卡，可以给宝宝创造表演的机会，比如在水岸剧场，鼓励Ta在剧场中央舞台表演唱歌或跳舞，让亲子打卡充满乐趣。

4. 打卡剧院的活动，可以根据宝宝的兴趣点，若宝宝能够跟随成人走走跑跑找找，一定要给予宝宝表扬和鼓励。

三大室内剧场，美轮美奂。

森林剧场，我来啦！
转个圈乐呵呵！

我跟爸爸在水岸剧场中央跳舞呢！

游览贴士：

1. 游览活动的要求不在于宝宝能够完成打卡的数量，更多的是在游览过程中激发 Ta 主动跟随并乐于探索的欲望。

2. 可以多创造机会让宝宝接触美丽的景色和建筑，跟宝宝一起发现美的事物，初步感受和欣赏美。

游览价值：

- 接触不同的建筑、自然景观，多样化激发宝宝的探索欲和好奇心。
- 游览过程中，可以锻炼宝宝的观察力、想象力和语言表达能力。

适合月龄：

25–36个月

延伸游戏：

艺术中心里的涂鸦

去艺术中心之前，提前跟宝宝制定一些规则，如：我们要在纸上涂涂画画，不随意画在艺术中心的墙面或设施上，建议可以带宝宝选择一个环境优美、安静的位置，然后陪宝宝一起涂鸦。

逛逛美术馆

带宝宝去美术馆前，提前跟宝宝说："美术馆里有很多漂亮的画，我们一起去看看吧。"在欣赏的过程中注意渗透安静观看的礼仪意识。结束后，和他一起交流回顾一下今天的游览活动。

亲子游打卡
周边推荐

申隆生态园

具体地址： 奉贤区沿钱公路 5599 号

打卡推荐：

1. 上海市级万亩生态公益林基地，生态林覆盖面积占 75%，人工湖泊、河道等水域面积占 25%，林中道路占 5%，是南上海的天然氧吧。

2. 适合家庭游玩：散步、游玩、搭帐篷、钓鱼，被称为世外桃源式的公园。

打卡价值：

1. 接触天然的环境，培养宝宝感受自然美的能力。

2. 增加亲子之间的互动，提高亲子互动质量。

温馨提示：

目前门票免费，6:00—20:00 开放，停车方便！

雕塑艺术公园

具体地址： 航南公路上海之鱼南侧

打卡推荐：

艺术性和实用性相互交织，各个雕塑精彩纷呈：趣味雕塑、抽象雕塑、废物再利用制成的雕塑等充满了艺术气息。

打卡价值：

1. 欣赏不同雕塑作品，引导宝宝发现美并充分体验。

2. 启发宝宝发挥想象力，鼓励宝宝简单地表达自己的想法。

温馨提示：

无需门票，停车方便哦！

亲子游分享

您的心得、随笔、照片或视频，可以上传至“育之有道”APP奉贤专版进行分享

悦读滋润心灵，艺术滋养心田
尘世闲游于书海，字句珠玑映眼帘
高天之歌在舞台，杏九株里音转寰

相关游览信息，供参考

具体地址：

海农公路民乐路路口（火车头城市书屋）

树桓路 99 号（九棵树未来艺术中心）

TIPS:

（1）两个打卡点之间的车程预估在 20~25 分钟。可选择在同一天打卡两个点，也可以择日分两次出行哦（依据宝宝的体力和兴趣情况）。

（2）建议选择平日带着宝宝一起去游览，避免过多的人流影响宝宝活动。

停车事宜：

停车方便，免费。

开放时间：

火车头城市书屋：周一到周日：8:30—16:30

九棵树未来艺术中心：周一至周日开放，精选演出参照官方剧目详情

门票信息：

火车头城市书屋可免费游玩。

九棵树未来艺术中心室外可免费游玩，进入剧院需要在官方公众号订购剧目门票！

图书在版编目（CIP）数据

玩转贤城　伴爱童行 / 宋丽梅主编 . —上海 : 文汇出版社 , 2022.6

ISBN 978-7-5496-3773-7

Ⅰ . ①玩… Ⅱ . ①宋… Ⅲ . ①家庭教育—文集 Ⅳ . ① G78-53

中国版本图书馆 CIP 数据核字 (2022) 第 093774 号

玩转贤城　伴爱童行

主　　编 / 宋丽梅
责任编辑 / 熊　勇
装帧设计 / 叶玉萍

出版发行 / 文匯出版社
上海市威海路 755 号（邮政编码 200041）
经　　销 / 全国新华书店
印刷装订 / 上海丽佳制版印刷有限公司
版　　次 / 2022 年 6 月第 1 版
印　　次 / 2022 年 6 月第 1 次印刷
开　　本 / 880 × 1230　1/32
字　　数 / 180 千
印　　张 / 8.25

书号 /ISBN 978-7-5496-3773-7
定价 /58.00 元